Alice Wohl

Wie Sie Spaß im Job haben und dabei Frau bleiben

Der Businessbegleiter für Ihre Handtasche

Printed in Germany

Herstellung und Verlag:

BoD - Books on Demand, Norderstedt

ISBN 9783735784223

Inhalt

Was Ihnen dieses Buch bringen soll, werden Sie fragen

Das ist eine sehr sinnvolle Frage, da ja die Zeit, in der Sie Ratgeber lesen können, äußerst knapp bemessen ist – und schließlich gibt es viele Ratgeber, Leitfäden oder Handbücher, die Frau das Berufsleben leichter machen sollen.

Aber die Antwort liegt auf der Hand. Sie sollten dieses Buch lesen, wenn

- *Sie sich regelmäßig fragen, wie Sie mit den Energievampiren, Cholerikern oder Grützgurken um sich herum umgehen sollen*
- *Sie das Gefühl haben, im Job mehr zu geben und besser, schneller und ergebnisorientierter zu arbeiten als Ihre Kollegen*
- *männliche Kollegen befördert werden, obwohl sie Schaumschläger sind*
- *Sie das Gefühl haben, von Grützgurken der männlichen Spezies in Ihrem Büroalltag umgeben zu sein*
- *Sie Karriere machen möchten und dafür Ihr Privatleben hintenanstellen*
- *Sie zwar die beste Mitarbeiterin sind und trotzdem von Ihrem Chef nicht befördert werden*
- *Sie das Gefühl haben, Sie würden nur dann für eine Führungsaufgabe vorgesehen werden, wenn Sie männliche Verhaltensweisen und Spielregeln adaptieren*
- *Sie sich aber nicht wie ein Mann verhalten wollen, um Karriere zu machen*
- *Einfach nur lesen möchten, wie es anderen Frauen im Beruf so ergehen kann.*

Dabei geht es hier nicht um einen Kampf der Geschlechter. Im Gegenteil. Mir geht es um eine Weiterentwicklung im Miteinander durch das Wie unseres Verhaltens. Denn wir können nicht die männlich dominierte Arbeitswelt von heute auf morgen verändern. Wir können aber durch unser Verhalten die Spielregeln gestalten und Grenzen definieren.

Dieses Buch richtet sich an starke, seelisch stabile Frauen, die Humor haben und mit beiden Beinen im Leben stehen! Die Leserin sollte empfindsam, nicht aber empfindlich sein. Sie sollten Freude daran haben, sich im Job zu entfalten und Verhaltensweisen auszuprobieren oder weiter zu entwickeln.

Der Vollständigkeit halber sei darauf hingewiesen, dass jegliche in diesem Buch verwendeten Ähnlichkeiten mit lebenden Personen rein zufällig und in keinster Weise beabsichtigt sind.

Vorwort

Da kam ich frisch von der Uni, mit Prädikatsexamen und Auslandserfahrung, jung, intelligent und attraktiv und wollte die Arbeitswelt erobern. Ich wollte mein Wissen einsetzen, um die Welt zu verbessern. Und ich wollte meinem Arbeitgeber die Chance geben, durch mich und meine Fähigkeiten voranzukommen und mir eine Karriere zu eröffnen. Denn für die hatte ich ja so viel investiert, gelernt, studiert. Meine Vita? Super. Meine Uni-Zeugnisse? Sensationell. Karriere ich komme! Pustekuchen: Ich war zu ambitioniert und zu direkt, ich hatte Respekt aber keine Angst.

Mein Ziel war es, perfekt im Job zu sein. Das war für mich die Basis, um Karriere zu machen, Verantwortung zu übernehmen und Entscheidungen zu treffen. Dachte ich zumindest. Was ich nicht bedacht hatte: perfekt macht Mann Angst. Perfekt ist verdammt anstrengend. Und Mann arbeitet anders als Frau.

Da kam ich natürlich erst nach ein paar Jahren drauf. Jahre, in denen ich mich voll in meine Arbeit reingehängt habe. Jahre, in denen ich mein Privatleben völlig hintenangestellt habe. Ich war verdammt gut und mit vollem Einsatz und all meinen Fähigkeiten dabei. Ich war so gut und ambitioniert, so dass ich regelmäßig Zusatzaufgaben bekam. Ich fühlte mich wichtig und gebraucht. Gebraucht, um für meine Arbeitgeber etwas zu bewegen. Mir wurde vertraut und ich durfte in der Regel weit mehr tun als das, was die eigentliche Stellenbeschreibung vorsah. Ich wunderte mich aber, warum ich so oft Nebenhöhlenentzündungen hatte, sich mein Freund von mir trennte, Anrufe und Besuche von Freunden immer seltener kamen und warum ich dauernd Magen-Darm-Geschichten und Rückenschmerzen mit mir herumtrug. Zuerst ging ich zu einer Heilpraktikerin, dann zu einem

Osteopathen. Die päppelten mein Immunsystem ein wenig auf. Nur irgendwie wurde mein Energielevel nicht wirklich höher.

Als ich permanent bei meinem Chef bohrte, doch bitte befördert zu werden, weil ich auch offiziell Entscheidungen treffen und Verantwortung leben wollte, da passierte nichts. Ich wurde hingehalten und hingehalten. Als mein Bohren lästig genug wurde hatte ich dann immerhin einen Chef, der einsah: „entweder sie verlässt unser Haus oder sie wird befördert. Hier dient sie mir jedoch nicht mehr lange." Einen solchen Chef haben viele Frauen nicht, ich weiß. Und dafür bin ich dankbar.

Also bin ich die Karriereleiter raufgeklettert und übernahm mehr Verantwortung. Das Wasser war zunächst eiskalt. Von Einarbeitung keine Spur. Das Heftigste aber waren die Sprüche der Herren in einem sehr konservativen Bundesland. Sie sagten väterlich: „Frau Wohl, das schaffen Sie doch alles gar nicht. Sie wissen ja gar nicht, was da auf Sie zukommt. Haben Sie denn keinen Mann, so dass Sie einen solchen Job machen müssen?"

Diese „Fürsorge" der älteren Herren war wirklich eine Schule fürs Leben. So sehr sie mich am Anfang getroffen haben. So sehr haben sie mich auch motiviert. Die Herren sollten mich und meine Fähigkeiten kennenlernen und ich behaupte, das ist mir gelungen.

Ich habe viel gelernt, viel ertragen und vieles ausprobiert, um mich nicht unterkriegen zu lassen oder wie ein Mann zu agieren und damit meine Karriere zu legitimieren. Ja, es gab auch Tränen. Tränen der Wut und Enttäuschung oder auch Tränen der Erniedrigung. Auch mir fehlten mal die Worte oder die Kraft für den Widerstand. Heute weiß ich, dass das okay ist. Ich bin ein weibliches Wesen. Hilfreich war es auch, dass ich meine Führungspositionen als persönliche Weiterbildung und Projekt gesehen habe.

Diese Erfahrungen und Lernerfolge möchte ich nun mit Ihnen teilen. Denn es ist unabdingbar und unbedingt nötig und absolut sinnvoll, dass Frauen Führungspositionen übernehmen. Ich möchte Ihnen Mut machen, Macht und Verantwortung für Menschen, Themen und Budgets zu übernehmen – trotz der vielen Widrigkeiten.

Dabei ist natürlich nicht alles auf die Goldwaage zu legen, was ich hier schreibe, und ich kann auch nicht garantieren, dass Sie mit meinen Vorschlägen tatsächlich Karriere machen. Was ich aber verspreche ist, dass Ihnen der Job viel mehr Spaß machen und vieles erträglicher und leichter wird.

Dieses Buch will Ihnen Anregungen für Ihren Businessalltag geben. Es will Ihnen Mut machen, sich nicht anzupassen und Spaß auf weibliche Art zu haben. Es will Sie inspirieren, sich auszuprobieren, Ihren Weg zu finden und es will Ihnen sagen: Sie sind nicht allein. Sie sind nicht allein mit Frust, Demütigung und inkompetenten Kollegen oder Vorgesetzten. Sie sind nicht allein mit Ihrem (berechtigten) Ehrgeiz, Ihrem (noch berechtigteren) Willen, die Karriereleiter aufzusteigen, Ihrem (absolut notwenigen) Willen authentisch zu sein und der Tatsache, dass Sie im Job besser als die meisten Kollegen sind!

Ihre Alice Wohl

Finden Sie heraus, wer Sie sind, wo Sie gerade stehen und was Sie wollen!

Haben Sie schon mal über Ihre Glaubenssätze und Ihre aktuelle Situation nachgedacht? Ich vermute schon, da Sie ja dieses Buch in die Hand genommen haben. Trotzdem möchte ich Sie als Einstieg animieren, sich einige Blätter Papier zu nehmen und innerhalb von 30 Minuten aus dem Bauch heraus aufzuschreiben, nach welchen Motivatoren Sie leben und welche „Regeln" Ihre Arbeitsmotivation bestimmen. Ich habe dies zum ersten Mal in einem Coaching machen dürfen und war erstaunt, wie unterschiedlich die Glaubenssätze von allen Teilnehmern waren. Meine Lebensweisheiten sind zum Beispiel:

1. *Je abwechslungsreicher mein Tun, desto erfüllter ist mein Leben.*
2. *Ich schwimme nicht gegen den Strom, sondern nehme nur einen anderen Flussarm, der hat mehr Platz und Bewegungsraum.*
3. *Macht und Gestaltungsspielräume liegen mir.*
4. *Ich muss nicht perfekt sein, um eine Superfrau zu sein.*
5. *Ich bin außergewöhnlich und ich darf das sein.*
6. *Ich bin mutig und frech und anders als die gesellschaftliche Norm.*
7. *Ich denke und arbeite schneller als die Norm.*
8. *Ich bin stark und das macht vielen Menschen Angst.*
9. *Dass ich stark bin und damit Angst mache, ist nicht mein Problem, sondern das der Anderen.*
10. *Regeln sind da, um hinterfragt und verändert zu werden. Nur dann ist Entwicklung möglich.*
11. *Ich bin ein Lösungskompetenzträger.*
12. *Gut geplant ist halb gewonnen, aber zu gut geplant ist Lebensqualität verloren.*

13. *Es müssen nicht immer 150 % sein.*
14. *Verlasse Dich auf Dich selbst, sonst bist Du verlassen.*
15. *Respekt, Vertrauen, Humor und Ehrlichkeit sind mir sehr wichtig.*
16. *Das Leben ist ein Wunschkonzert – gestalte es.*

Um mehr über sich selbst zu erfahren, arbeiten Coaches auch gerne mit dem Aufschreiben: was sind meine Stärken. Auch diese Übung können Sie machen, ohne zu viel nachzudenken. Es ist erstaunlich, was da so zusammen kommt. Nehmen Sie sich 30 Minuten Zeit und schreiben Ihre Stärken auf ein Blatt Papier. Um Ihnen das Aufschreiben zu erleichtern und auch Ideen zu geben, können Sie die folgende Liste nutzen. Markieren Sie die Stärken, die zu Ihnen passen und ergänzen die Liste um weitere Stärken:

Formulieren Sie Ihre Stärken!	So bin ich!
Intelligent	
Humorvoll	
Sozial Kompetent	
Fachkompetent	
Einsatzbereit	
Delegationsstark	
Organisationstalent	
Ergebnisorientiert	
Nicht nachtragend	
Verantwortungsfreude	
Entscheidungsstark	
Kommunikationsstark	
Menschen verbindend	
Empathisch	
Diplomatisch	
Verlässlich	
Verhandlungsgeschick	
Strategisches Denken	

Ganzheitlich denkend und arbeitend	
Detailtreu	
Ergebnisorientiert	
Termintreu	
liebevoll	
mutig	
selbstbewusst	
Flexibel	
diszipliniert	
Belastbar	
Teamfähig	
Ausdrucksstark	
Führungsstark	
Konsensfähig	
Planend	
Gut organisiert	
Steuernd	
Durchhaltevermögen	
Charismatisch	
Kritikfähig	
Präsentationsstark	
Konzeptionell denkend	
Engagiert	
Kontaktfreudig	
Vielseitig	
Wortgewandt	
Kreativ Ergänzen Sie Weiteres:	

Und nun bitte ich Sie, folgende Fragen zu beantworten, ohne sie zu bewerten.

Wo stehen Sie?	Ja	Nein
Arbeiten Sie mehr (zeitlich, aufgabentechnisch) als Ihre Kollegen?		
Widmen Sie sich im Büro nur Ihrer Arbeit und machen keine privaten Dinge?		
Ist Ihnen Arbeitsleistung wichtiger als Spaß bei der Arbeit?		
Geht es Ihnen im Job um die Erledigung von Aufgaben Ihres Arbeitgebers?		
Geht es Ihnen bei der Arbeit um die Befriedigung eigener Wünsche?		
Überlassen Sie die Gehaltserhöhung Ihrem Chef und fordern Sie sie nicht aktiv ein?		
Überlassen Sie es dem Blick Ihres Chefs, zu sehen wie gut Sie sind?		
Haben Sie ein schlechtes Gewissen, wenn Sie sich im Büro langweilen?		
Hat Ihr Chef die Aufgabe, dafür zu sorgen, dass Sie sich nicht im Büro langweilen?		
Fordern Sie aktiv Lob von Ihrem Chef ein?		
Melden Sie sich in großen Runden zu Wort?		
Gehen Sie davon aus, dass Andere doch sehen müssen, dass Sie anderer Meinung sind?		
Sagen Sie Ihre Meinung, auch wenn diese nicht Mainstream ist?		
Sammeln Sie die ToDos am Wegesrand auf und wundern sich darüber, dass immer Sie Zusatzaufgaben bekommen?		
Nutzen Sie im Job die Möglichkeiten Frau zu sein, um ein Ziel zu erreichen?		
Sagen Sie private Termine ab, weil Sie einen Arbeitstermin wahrnehmen müssen oder noch etwas für Ihren Chef fertig machen müssen?		
Sagt Ihr Chef regelmäßig bitte und danke zu Ihnen?		
Fragt Ihr Chef Sie zu Fachthemen nach Ihrer Meinung?		
Können Sie Ihr Know How in Ihren Arbeitsalltag		

Wo stehen Sie?	Ja	Nein
einbringen, es dort nutzen?		
Nehmen Sie an mindestens einer fachlichen Weiterbildung im Jahr teil?		
Nehmen Sie an mindestens einer Führungs-/ Management-Weiterbildung im Jahr teil?		
Lassen Sie sich von einem Experten coachen?		
Haben Sie gute Freunde, die Ihnen ehrliches Feedback geben?		
Ist Ihr innerer Kritiker sehr auf Perfektionismus ausgerichtet?		
Finden Sie, dass Sie für eine (neue) Führungsposition geeignet sind?		
Haben Sie ein Netzwerk innerhalb Ihres Berufsumfeldes?		
Haben Sie ein Netzwerk außerhalb Ihres Berufsumfeldes?		
Sind Sie Mitglied in einem Verein, Verband, Interessengemeinschaft?		

Mit diesen Übungen haben Sie sich bestens auf dieses Buch eingestimmt. Sie haben nun schwarz auf weiß, dass und warum Sie eine Superfrau sind, was Sie antreibt und wo Sie beruflich stehen.

Viel Spaß beim Weiterlesen!

Bleiben Sie Frau!

Es macht mich wütend, in einer Umfrage auch 2014 noch lesen zu müssen, dass selbst unsere Geschlechtsgenossinnen meinen, gut gelaunte Frauen seien eher keine brauchbaren Führungskräfte. Hingegen wird gut gelaunten Männern zugestanden, dass sie durchsetzungsstarke Führungskräfte sein können. Da hat unsere Gesellschaft noch viel zu lernen. Und nicht nur die Diskussionen um Frauenquote oder die Gläserne Decke zeigen uns deutlich, wie weit wir noch entfernt sind, Gleichberechtigung zu leben und zu denken. Macht und Führungspositionen werden Frauen nach wie vor nicht als selbstverständlich zugesprochen. Mächtige Frauen sind Exoten im Wirtschaftsleben.

Vielfach wird behauptet oder auch erwartet, dass eine Frau, die die Karriereleiter hinauf will, ein „besserer" Mann sein muss – was auch immer das heißen mag – ein dickbäuchiger, arroganter Schwätzer? Ein rücksichtsloser, selbstherrlicher Macho? Mit Verlaub, aber das kann ja weder eine Lösung noch das Ziel sein. Wir sind tolle Frauen und wollen und sollen dies auch bleiben. Wir haben Kompetenzen, die mindestens so wertvoll sind, wie jene unserer männlichen Kollegen.

Die Statistik zeigt, dass Frauen zunehmend besser ausgebildet sind als Männer. Zumeist besitzen Frauen auch höhere soziale und kommunikative Kompetenzen als Männer. Trotzdem gelten Frauen als zickig – Männer als durchsetzungsstark, wenn sie sich laut und deutlich zu Wort melden und im Berufs- wie im Privatleben durchsetzen wollen. Damit müssen wir wohl noch eine Weile leben, denn die Männer, die ehrlich von den Stärken und Kompetenzen weiblicher Führungskräfte überzeugt sind, sind noch so selten wie eine Perle beim Austernfischen. Das heißt also: lernen Sie, gut damit zu leben, als zickig zu gelten! Und schauen Sie einmal genauer hin, was Mann und Frau im Job so unterscheidet.

Monika Henn hat ihre wissenschaftliche Arbeit dem Thema „Die Kunst des Aufstiegs" (2. Auflage, 2012) gewidmet und diverse Unterschiede im Verhalten wie auch in der Bewertung von Mann und Frau bei Befragungen eben dieser herausgearbeitet. Schließlich ist auch Beides: Verhaltens- wie Bewertungsunterschiede relevant, wenn es um das Miteinander der Geschlechter oder um das Befördern von Mann oder Frau geht.

Anhand des Differenzmodells hebt Monika Henn plakativ hervor, was Frauen und Männer voneinander unterscheidet. Ein Auszug des Differenzmodells zwischen Mann und Frau (Henn, 2012, S. 45f.):

Mann	***Frau***
Abenteurer. Jäger. Handlungsorientierung Tendenz: abschließen Männer erkennen ihre Defekte nicht. Imponieren. Niederlage in Siege umdeuten. Abgrenzung und Konkurrenz bestimmen das Lebensgefühl. Netzwerke. Erledigung von Problemen durch Befreiungsschlag. (...)	*Hüterin des Herdfeuers. Kommunikationsorientierung. Tendenz: gründlich bearbeiten. Frauen erkennen ihre Potenziale nicht. Gefallen. Niederlagen als Vorwurf an potenzielle Helfer. Hilfsappelle aussenden. Suche nach Verbundenheit bestimmt das Lebensgefühl. Vertrauenssysteme. Erledigung von Problemen durch gründliche Bearbeitung. (...)*

Großartig, nicht wahr? Und ich bin mir sicher, dass nicht nur ich, sondern auch Sie sich über diese stereotype Darstellung wunderbar aufregen oder amüsieren können. Wenn wir aber genauer hinschauen, hat Monika Henn nicht ganz unrecht und sei es nur, dass wir zumindest versucht sind, stereotyp weiblich zu handeln.

Wenn Sie also Macht und eine Führungsposition anstreben, sollten Sie nicht vergessen, Frau zu bleiben und die andere Art zu arbeiten, zu denken und für Ergebnisse zu arbeiten statt Machtspielchen viel Platz einzuräumen, voranzutreiben. Es steht uns zu, Vorbild für junge Frauen zu sein, indem wir erfolgreich sind, Führungspositionen beanspruchen und dabei Frau bleiben.

Dabei werden wir aber natürlich nicht befördert, weil wir so artig und stereotyp oder fleißig und gut sind. Wir sollten, das unterstreicht auch Henn, uns das ein oder andere bei den Herren abschauen. Damit meine ich nicht, wie ein Mann zu werden, sondern vor allem, zu netzwerken, was das Zeug hält und unsere Ansprüche und Erwartungen klar zu kommunizieren. Auch der Wunsch Everybodys-Darling sein zu wollen, gehört in die Mülltonne, wenn wir aufsteigen wollen. Wir müssen die Ansprüche darüber, was wir wann beruflich erwarten und erreichen wollen klar adressieren. Darauf sollten wir dann unser Handeln ausrichten und zum Beispiel unsere Arbeit ins rechte Aufstiegslicht rücken. Und das natürlich nicht nur ein Mal und im stillen Kämmerlein, sondern wiederholt und ungefragt und laut und deutlich.

Das wird zwangsläufig dazu führen, dass sie nicht von allen geliebt und geschätzt werden. Schließlich sind Sie dann entweder Konkurrenz - in der Regel für die Männer - oder Verräterin, weil Sie aus der Gruppe des Stereotyps der artigen, fleißigen Frauen, die in ihrem Vertrauenssystem leben, heraustreten. Auf einmal gehören Sie keiner Gruppe mehr an und bekommen Attribute, die Sie eigentlich nicht haben möchten und die objektiv betrachtet auch nicht fair sind.

Für den eigenen Frieden hilft es dann enorm, stark und nachsichtig mit Ihren Mitmenschen zu sein, denn sie kennen und sie können es nicht besser. Sie brauchen negative Erklärungen und Attribute, um damit klarzukommen, dass jemand aus der Rolle der vermeintlich normalen Frau fällt. Geben Sie ihnen immer wieder freundlich die Hand und zeigen,

- *dass Sie nur in berechtigten Ausnahmefällen beißen,*
- *dass Sie klare Anforderungen haben und*
- *dass Sie sehr genau wissen, was Sie wollen.*

Freundschaften schließen Sie dann am besten außerhalb des Büros. Machen Sie sich stark und Ihr Kreuz breit und tun Sie etwas für Ihre Ziele, indem Sie nicht dem weiblichen Stereotyp entsprechen. Stehen Sie darüber, dass Sie nicht dem Durchschnitt der deutschen Frau entsprechen – wer will schon Durchschnitt sein, bedeutet das doch in der Regel, langweilig, angepasst, fremdbestimmt. Und seien Sie großmütig mit Männern wie Frauen. So fassen auch Doppler und Lauterberg (2006, S. 43, zitiert aus Monika Henn, 2012, S. 44) zusammen: „Es ist nicht nur für Frauen schwierig, sich in einer Männerwelt zu behaupten. Es ist auch für Männer nicht einfach, sich auf Frauen als gleichwertige Partnerinnen in der Arbeitswelt einzustellen. Etwa auf eine fähige Kollegin, die alle Gebote kollegialer Konkurrenzrituale missachtet und ihre Energie voll in die gestellte Aufgabe und in die Kooperation mit anderen investiert. Plötzlich eine tüchtige Frau als Chefin zu haben, ist erst recht kein Zuckerschlecken. Und wenn der Zufall es will, dass sie auch noch eine gewisse Attraktivität besitzt, muss manch einer sein Verhaltensrepertoire erst einmal gründlich sortieren, bevor er wieder handlungsfähig wird."

Nein, bekommen Sie jetzt keinen Mitleidsanfall für den Mann oder Ihre Mitarbeiter, sondern nehmen Sie diese Feststellungen als positive Herausforderung. Zeigen Sie ein wenig Verständnis und viel Großzügigkeit für etwas verunsicherte oder auch hämisch lästernde männliche und weibliche Mitspieler. Bleiben Sie Frau und setzen Ihren Weg ungeachtet der Kleingeister um Sie herum fort. Entweder sind diese nämlich neidisch oder überfordert und das können Sie weder ändern noch ist es Ihr Problem. Außerdem lebt es sich mit einer solchen Einstellung und Selbständigkeit viel unbeschwerter und leichter.

Sorgen Sie sich nicht: Sie schwimmen nicht gegen den Strom, sondern nehmen nur einen anderen Flussarm, der viel mehr Platz bietet als jener Strom, den die Masse nimmt. Auch ich hatte lange Zeit das Gefühl anders als die meisten Menschen um mich herum, meine Mitschüler, Kollegen zu sein. Meine Eltern sagten: immer ist die dagegen. Meine Lehrer sagten: sie ist zu rebellisch und mein Arbeitgeber sagte: ich dränge mit meiner Stärke und Persönlichkeit Menschen an die Wand. Nun, ich hatte damit ein Problem, denn immer gegenan zu sein, hieß auch, schlechte Noten und Schikanen zu kassieren, sich stets rechtfertigen zu müssen und nie Everybodys-Darling zu sein. Das ist definitiv anstrengend. Immer gegenan hieß auch: immer eine Meinung haben, Dinge wahrzunehmen, zu kritisieren und zu hinterfragen. Fragen stellen, die Mann nicht mag, die unbequem sind. Das führte dann auch dazu, dass ich lange Zeit versucht habe zu kopieren, wie Frau artig ist, wie sie angepasst, ruhig, und brav ohne Ecken und Kanten und ohne regelmäßig den Mund aufzumachen sein soll.

Irgendwann kam aber die Erkenntnis, dass ich nicht glücklich, zufrieden und mit Motivation durchs Berufsleben gehen kann, wenn ich nicht ich sein kann. Ich musste authentischer werden in meinem Handeln und Verhalten und das hieß eben auch unbequemer.

Bei der Auseinandersetzung mit der Frage, warum ich immer hinterfragen, kritisch und wachsam sein muss, fiel es mir dann irgendwann wie Schuppen von den Augen. Es ist ein Geschenk, kritisch und dabei souverän sein zu dürfen, Fragen zu formulieren und genau hinzuschauen, Missstände zu sehen und aufzulösen. Dass andere damit ein Problem haben, ist nur dann ein Problem, wenn man das Ganze undiplomatisch oder zum falschen Zeitpunkt formuliert und andere Menschen beleidigt. Dann erreichen wir nur Blockade und Beleidigung oder eben Aussagen, wie jene: Sie sind zu stark für Ihr Gegenüber. Mittlerweile frage ich zwar: ist das mein Problem? Sie sagen womöglich, ja, denn damit kann Frau ja auch einen Karriereknick oder andere Repressalien erleiden. Das meinte ich ja auch lange Zeit. Ich sage mittlerweile trotzdem nein, denn was ist Karriere gegen Krankheit, Frust, Beschimpfungen oder gar innere Kündigung?

Da geht es Ihnen sicher wie mir: mein Leben ist mir dafür zu wertvoll. Ich habe mich daher dafür entscheiden, weitgehend meinem scharfen Blick und meiner Stärke Raum zu geben. Ich schaue, was ich wie und wann und in welchem Umfang sage, beobachte viel und formuliere Fragen und Kritik. Ich entwickle Konzepte statt Anklagen, wie ein Missstand oder eine Fehlentwicklung behoben werden kann, biete Unterstützung an, um Kritisches zu verbessern oder ein Projekt zu retten.

Trotz der Widerstände, die daraus resultieren, nicht nur nicht Mainstream zu sein, sondern auch noch schnell und scharf zu denken, schaue ich nach vorne. Ich möchte Lösungskompetenz-träger statt Bedenkenträger sein und mich als wacher Geist, nicht als Mainstream-Segler gut fühlen.

Ich möchte Sie ermuntern, diesen Mut auch zu haben. Schließlich geht es um Ihre Lebensqualität, Ihren Werdegang und es geht ja irgendwie auch immer um das Umfeld, die Regeln unserer Arbeitswelt, die wir als Mosaikstein im Gesamtwerk im Kleinen weiterentwickeln und verändern können. Haben Sie Vertrauen in sich, Sie sind stärker und besser, wenn Sie kein mitlaufendes Schaf sind, sondern aus der Menge hervortreten, einen anderen Strom nehmen. Dieser andere Strom ist zwar steiniger und anstrengender, hat aber so unendlich viel mehr Qualität und Potenzial. Nutzen Sie die richtige Dosis der Andersartigkeit, um bei den Guten positiv als kompetente, wachsame und starke Stimme aufzufallen. Sie zeigen Engagement und Wachsamkeit und kritisieren konstruktiv und mit Lösungen.

Das wird von guten Chefs auch wahrgenommen und honoriert. Denn gute Chefs langweilt kaum etwas mehr als das Blöken langweiliger Mitläuferschafe. Sie brauchen die herausstechenden schwarzen Schafe, um im Wettbewerb vorne zu stehen, um sich und das Unternehmen voranzubringen, weiterzuentwickeln, um Schwachstellen aufzudecken und zu beseitigen.

Seien Sie konstruktiv, freundlich, kompetent und offen für Gespräche und Auseinandersetzungen und seien Sie gewappnet für Widerstände, antizipieren Sie diese und nehmen ihnen damit die Kraft und das Energierauben. Sie können die Widerstände im vorhinein entkräften, indem Sie diese in Ihre Lösungskonzepte einbauen, Optionen abwägen und Alternativen mit einem Mehrwert auch für die Kritiker anbieten.

Auch in Situationen, an denen Sie sich an einer Wegkreuzung des Lebens befinden und für sich entscheiden müssen, ob Sie nach rechts, links oder geradeaus gehen, ist es immer wieder anstrengend, nicht Mainstream zu sein. Schon als kleines Mädchen habe ich mich getraut, meiner Lehrerin zu sagen, dass sie doof ist und auch meinem Chef habe ich gesagt, dass es sich echt nicht gehört, an einer Tafel beim Abendessen zu schmatzen und mit vollem Mund zu sprechen. Und immer wieder habe ich nach dem Sinn meines Tuns gefragt: warum muss ich Mathe lernen oder warum muss man als Führungskraft so viel Zeit in unnützen Sitzungen verbringen und so weiter.

Aber weil es so anstrengend ist, immer gegen den Strom zu schwimmen, habe ich sehr oft so getan, als wäre ich wie die Anderen: ich habe wichtig getan, indem ich mit einer Sitzungsmappe schnellen Schrittes durch das Bürogebäude gegangen bin, mit Charme Smalltalk bei Geschäftsessen gemacht und den vermeintlich hohen Herren die Bewunderung entgegengebracht, die sie sich wünschten. Als gute Schauspielerin und Perfektionistin habe ich Sitzungen geleitet, ohne jedes Mal die Teilnehmer zu überfordern indem ich Ergebnisse eingefordert habe und ich habe Herren regelmäßig den Gefallen getan, zu labern um des Laberns willen. Aber das ist wahnsinnig anstrengend und auf Dauer kraftraubender als gegen den Strom zu schwimmen.

Es ist anstrengend, nicht authentisch zu sein und 12 Arbeitsstunden täglich die Schauspielermaske aufzusetzen. Aber das So–tun-als-wäre-ich-wie-die-Anderen geht auch regelmäßig mal nach hinten los. Sei es, dass ein Mensch in einer Sitzung einen derartigen Unsinn schwafelt, so dass ich wütend werde, dass mein Chef mich einfach anbrüllt, damit es ihm besser geht oder der Sinngedanke umso dominanter wird, je weniger mein Hirn tatsächlich gebraucht wird: dann sprudelt auf einmal die Wahrheit aus mir raus. Ich kann von Glück sagen, wenn mein Hirn dies abends zu Hause macht, aber auch sonst muss es einfach ab und an raus, was sich da anstaut. Ich mag mich einfach nicht damit abfinden, dass die Arbeitswelt so ist.

Wenn ich beispielsweise erzähle, dass mich schon das Lesen von Stellenanzeigen derart langweilt und ich weiß, dass ich mich in spätestens 6 Monaten in diesem oder jenem Job langweilen würde, treffe ich regelmäßig auf Unverständnis. Denn die Stellenanzeigen, um die es da geht, sind Lebenstraumjobs für viele Mitstreiter, für die ihnen aber die Qualifikation fehlt. Und alleine die Aussage, das mich eine gut bezahlte Stelle schnell langweilt und ich mir mein Leben anders vorstelle, trifft auf enormes Unverständnis bei den vielen Menschen, die sich noch nie Gedanken darüber gemacht haben, was sie sich eigentlich für ihr Leben wünschen.

Einer Freundin habe ich zum Beispiel erzählt, dass ich dieses Buch schreiben will. Sie fing an, mich zu piesacken, wer denn das Buch lesen sollte und dass doch mein bestehender Job nicht so schlimm sein könne, wenn ich denn etwas gelassener werde. Ich wurde nicht nur wütend, sondern fühlte mich auch wahnsinnig unverstanden. Bis ich erkannte: sie ist vermutlich überfordert. Denn ich hielt ihr unbewusst einen Spiegel für ihr eigenes Leben vor. Das Bild von mir mit neuem Lebensinhalt, selbst gestaltet ist für sie unbekanntes Terrain.

Wahrscheinlich fühlte sie sich unter Druck gesetzt, sich mit sich selbst, ihren Wünschen, Zielen und Zufriedenheit auseinandersetzen zu müssen. Diese Tür zu ihrem eigenen Leben wollte sie aber gar nicht öffnen. Aus Angst vor Unbekanntem und Nichterwünschtem machte sie mich nieder. Sie zerlegte mich und meine Bedürfnisse in ihre Einzelteile, um dann als ich am Boden lag, nach Hause gehen zu können und sagen zu können: ich mache es doch richtig mit meinem Leben.

Nun mögen Sie sagen, was ist denn das für eine Freundin, so fies und egoistisch. Das dachte ich auch als ich heulend ins Bad flüchtete. Erst Tage später erkannte ich, dass ich sie vermutlich völlig überfordert hatte. Ich war für sie auf einmal und völlig überraschend total anders und somit unberechenbar. Ich wollte unsere Freundschaft auf eine ganz neue Basis stellen, ohne sie darauf vorzubereiten.

Wenn wir uns verändern, verändern sich schließlich alle Beziehungen, Netze und Freundschaften um uns herum auch, egal ob wir und unsere Mitmenschen das wollen oder nicht. Wir stellen alles auf den Prüfstand, uns selbst, unsere Ziele, unsere Mitmenschen und erwarten, dass unsere Freunde uns doch verstehen müssen. Das aber ist egoistisch.

Es ist an uns, unsere Freunde auch auf unserem Weg mitzunehmen, sie heran zu führen an uns in neuem Format. Wollen wir sie nicht verlieren, sollten wir ihnen Zeit geben, unsere bislang unbekannten Eigenschaften kennen- und verstehen zu lernen. Das „ich fühle mich so unverstanden"-Gefühl, das Weinen und Selbstmitleid führt natürlich auch dazu, einen weiteren Schritt zu machen. Einen neuen Blick auf die Netzwerke, das Freundschaftsgefüge zu werfen und zu prüfen, ob sie Bestand haben, ob sie noch passen. Auch das ist wichtig bei einer Veränderung, denn nur dann können wir die Menschen auf unserem Weg mitnehmen und Freundschaften weiterentwickeln.

Die vermeintlich fiesen Fragen auf dem Weg zur Weiterentwicklung können Sie nutzen, um noch einmal zu prüfen:

- *Will ich das wirklich?*
- *Warum ist mir das so wichtig?*
- *Bin ich auf einem für mich guten Weg?*
- *Gibt es bessere Alternativen?*
- *Wie fühle ich mich?*
- *Was kann im besten und was kann im schlimmsten Fall passieren?*

Nutzen Sie die Veränderungen in ihrem engsten Umfeld zum Abgleich und geben den Freundschaften Chancen und Freiräume. Wachsen Sie an den Fragen und seien Sie behutsam mit ihren Lieben, denn sonst überfordern Sie sie und sich und stehen am Ende frustriert und alleine da.

Ich bin nach diesen Erlebnissen in einen inneren Dialog gegangen, mit dem größten Kritiker, den ich habe: mir selbst. Fünf Pakete Taschentücher und eine Flasche Wein hat mich das gekostet, aber dann habe ich in den Spiegel geschaut und mich ein weiteres Mal mehr auf mich verlassen: ich bin so wie ich bin und ich muss authentischer sein, egal ob meine Umwelt damit umgehen kann oder ich alleine Kritik äußere und mir Langeweile und Anbrüllen verbitte oder nicht. Ich habe die Gespräche mit meinen Lieben und den Abgleich meiner Wünsche, Denkweise und Prioritäten mit mir als Kraftgeber genutzt und mir Mut zugesprochen in dem Wissen: so bin ich. Auf einmal kostete das Schauspielern viel weniger Kraft, weil ich es bewusster und gezielt einsetzte anstatt morgens um acht Uhr die Maske aufzusetzen, um Teil des Systems zu sein. Heute entscheide ich bewusst, wann und wie oft ich sie aufsetze und niemand sonst. Dabei bin ich Frau geblieben und gestatte mir viel mehr Authentizität im Berufsleben. Das hat nur zu Beginn irritiert. Mittlerweile bin ich mit meinen Ecken und Kanten bei vielen akzeptiert und anerkannt und zufrieden mit mir.

Ihre Art ist Ihre Marke – Seien Sie markant!

Ich bewundere ja die Menschen, die Spaß daran haben, täglich zu schauspielern und im Job niemals sich selbst preisgeben. Diese Menschen können scheinbar mühelos morgens eine Maske aufsetzen und abends wieder absetzen. Ich frage mich allerdings immer, ob diese Menschen wirklich Spaß daran haben und ob sie ihr Leben genießen. Es könnte ja auch sein, dass es für sie die einzige Möglichkeit ist, im Job zu überleben. Dass sie sich nur so schützen können, um die Dinge, die verletzend, anstrengend oder energieraubend sind, zu ertragen.

Ich bin kein solcher Mensch, ich habe es oft und zum Teil auch mit kurzfristigem Erfolg bzw. gutem Gefühl versucht eine Maske zu tragen, aber glücklich war ich damit nicht. Es ist und bleibt bei der Tatsache, dass es mich unendlich viel Kraft gekostet hat, täglich nicht ich zu sein, sondern ein mehr oder minder gefühlloses Wesen zu spielen. Mittlerweile bin ich auch fest davon überzeugt, dass es den meisten Menschen, die sich selbst bewusst sind, ähnlich geht. Wir sind Menschen und haben Emotionen, Gefühle und Wünsche und Bedürfnisse, die wir nicht zehn bis zwölf Stunden am Tag einfach so ignorieren können. Und ich bin fest davon überzeugt, dass nicht umsonst so viele Menschen sich erschöpft oder jobbedingt krank fühlen.

Dabei ist es ja einfach absolut überflüssig, wenn Arbeit krank macht bzw. Energien raubt. Schließlich leben wir in einem der reichsten Länder der Welt, mit bester medizinischer und sozialer Versorgung, ohne Angst vor Krieg oder Unruhen. Wir hätten das Privileg, dass wir gerne arbeiten. Dazu müssten aber die Rahmenbedingungen stimmen. Einen Teil dieser Rahmenbedingungen können wir natürlich nicht selbst bestimmen. Einen anderen Teil aber schon. Wir können unsere

Einstellungen, Erwartungen und Verhaltensweisen im Job selbst bestimmen.

Dafür ist es unabdingbar zu wissen, was Sie wollen. Ob Sie bereit sind, täglich zu schauspielern oder ob Sie eine Fach- oder Führungskarriere anstreben, ob Sie in einer bestimmten Stadt in einer bestimmten Branche arbeiten möchten. Und da Sie nicht nur verdammt gut sind, indem was Sie tun, sondern auch ein Charakter mit vielen Fähigkeiten, Interessen und einer eigenen Meinung sind, können Sie in vielen Bereichen (zugegebenermaßen nicht in allen) selbst bestimmen, was Sie tun.

Es beginnt mit einer Auseinandersetzung mit der Frage, wie Sie in welcher Form und von wem und mit welchen Attributen versehen wahrgenommen werden wollen. Wenn Sie für sich entscheiden, dass Sie von Kollegen, bestehenden und potenziellen Vorgesetzten respektiert und ernst genommen werden wollen, hilft es enorm, sich zu einer Marke zu entwickeln. Es gibt natürlich Extreme. Menschen, die sich die Haare rot färben und nur rote Kleidung tragen, fallen auf. Ich aber kann diese Extreme nicht wirklich ernst nehmen, da ist mir zu viel Maske und zu wenig Authentizität drin.

Ich mag es lieber, in ausgewählten Details eine Marke zu sein. Das mag der Minipony in Kombination mit dem roten Lippenstift sein. Das mag das glatte, lange oder extrem kurze schwarze oder hellblonde Haar sein oder die 15 cm Highheels in Winter wie Sommer. Weniger ist dabei mehr und gibt Ihnen und Ihrer Persönlichkeit Ausdruck. Schauen Sie, woran Sie Spaß hätten und welche markanten Merkmale Sie auch über einen längeren Zeitraum sehr gerne tragen möchten oder bereits tragen. Ist es die Brille? Ist es der Blazerstil? Sind es die Schuhe oder die Haare? Finden Sie heraus, was Sie mögen und was Sie anspricht. Fragen Sie auch Ihren Coach oder Ihre beste Freundin, welche Attribute sie dem Merkmal – Ihrem Markenzeichen - geben würden. Gleichen Sie diese dann mit denen ab, mit denen Sie gerne im Job versehen werden möchten.

Zur Marke gehört es, den „Karriereanzug“ aufzupeppen!

Viele Frauen stellen sich die Frage: was ziehe ich im Job an. Nun ist die Auswahl an Hosenanzügen immerhin in den letzten Jahren etwas besser geworden. Ab und an gibt es auch mal hellere Farben oder Muster oder witzige Details im Anzug. Es gibt sie mittlerweile für große und für kleine Frauen und für Frauen mit weiblicheren Formen. Gut so. Sie werden genauso wie ich sagen: grauer Anzug ist langweilig. Stimmt. Nur sind wir noch weit von gleichberechtigten Arbeitsplätzen entfernt und Kleider machen im Job auch im 21. Jahrhundert noch Leute. Das heißt für Mann und Frau: die Kleidung sollte nicht billig aussehen, Hosen und Ärmel sollten nicht zu lang oder zu kurz sein, der Schnitt sollte einigermaßen gut sitzen und keine 10 Jahre alt und die Taschen nicht ausgebeult sein. Ach und die Schuhe bitte geputzt und mit Absatz.

All dies sieht Jeder, egal wie gut oder schlecht sein Blick für Kleidung sein mag. Und bekanntermaßen scannen und beurteilen wir einen Menschen in den ersten 30 Sekunden der Begegnung. Da können Sie 100 Mal sagen, dass Sie durch Ihre Expertise und Ihre Funktion glänzen. Die können Sie leider nicht in 30 Sekunden zeigen. Damit Sie aber nicht zu sehr als Frau wahrgenommen oder gar direkt als „nicht Wahrnehmen müssen“ deplatziert werden, empfehle ich, keine Röcke in Knielänge zu tragen. Immer wenn Sie sitzen, erst recht auf Barhockern oder in Sitzecken von Businesslounges oder Hotels, rutscht der Rock hoch und zeigt zu viel Bein. Das lenkt von Ihnen als Gesamtbild ab und den Blick aufs Knie haben Sie ja gar nicht nötig.

Ich habe mich nach zwei Jahren Berufstätigkeit damit abgefunden, es wie die Männer zu machen. Ich trage Hosenanzug, die 40, die ich davon im Schrank habe sind fast alle von der Stange und die Meisten in dunkleren Farben. Und wenn ich deutlich machen will, wer das Alphatier ist, dann ziehe ich entweder den Hosenanzug mit dem besten Schnitt mit roten oder andersartig auffallenden Schuhen an oder den weißen Anzug.

Sie werden sich denken können, dass ich die Attribute direkt, klar und weiblich gewählt habe. Warum sonst hätte ich - für die konservative Berufswelt eher selten – lange hellblonde Haare und farbige Oberteile bei klassisch aber feminin geschnittenen Hosenanzügen und auffallende Schuhe als meine Markenbestandteile gewählt. Voraussetzung war dafür für mich, dass ich mich selbst wohlfühle in den Anzügen und den klaren, aber farbigen Schnitten der Oberteile. Wichtig war mir auch, dass ich nicht stundenlang im Bad stehen muss, um mich zu frisieren sondern durch die Haarfarbe und -länge auffalle.

Und diese Markenzeichen zeichnen mich ich nun auch schon über 10 Jahre aus und ich fühle mich immer noch wohl damit. Ehrlich gesagt sind jegliche Anfälle, mich und meinen Stil zu ändern jämmerlich gescheitert. Sobald ich flache Schuhe anhabe oder einen Rock anziehe, fühle ich mich verkleidet und nicht mehr als Ich.

Ich stehe auf, überlege mir, ob die Grundfarbe heute braun, grau, weiß oder schwarz sein soll und welche Farbe an Oberteilen gebügelt ist. Die einzige Herausforderung ist dann die passenden Schuhe auszusuchen, da sich ein grünes Oberteil mit blauen Schuhen ja nun nicht gerade gut macht. Warum, wenn nicht aus Gründen der Praktikabilität, hat Mann den Hosenanzug entworfen?!

Aufpeppen und zu Ihrer Persönlichkeit passend ausgestalten, können Sie ein solches Outfit mit einer schicken Brille oder Kette, einem markanten Haarschnitt oder einer auffallenden Haarfarbe, einem Schal oder dem Klassiker - der Handtasche. Was Herren zudem bemerken sind auffallende Uhren namhafter Hersteller, denn davon verstehen Sie etwas (oder meinen es zumindest). Sie können Uhren und damit auch den Träger klassifizieren und auch ist direkt ein gutes Gesprächsthema gefunden!

Angepasste und artige Menschen nehme ich als beliebig und mittelmäßig wahr. Das mag erst einmal arrogant klingen, aber überlegen Sie einmal, welche Menschen zu Ihrem Freundeskreis gehören und wie sie Menschen bewerten, die unscheinbar und glatt erscheinen. Weder Sie noch ich werden graue Mäuse als Freunde haben oder bewundern. Auch frage ich, was dagegen spricht zu zeigen, dass Frau Charakter hat, dass sie nicht nur etwas im Kopf hat und sehr engagiert und professionell ist, sondern eben auch äußerlich eine klare Linie mit klaren Markenzeichen hat. Damit werden Sie zu einem stimmigen Gesamtpaket. Arbeitsweise, Einsatz, Aussehen – alles passt zusammen, alles ist stimmig, nicht falsch und überdimensioniert, sondern Ausdruck Ihrer Persönlichkeit, Ihres Stils und Ihrer Person. Und so erleichtern Sie den Genuss, auch im Job als markante Persönlichkeit wahr- und ernst genommen zu werden.

Instinktiv merkt Ihr Gesprächspartner, dass nicht nur das Äußere markant ist, sondern, dass es ein Ausdruck von Persönlichkeit und Stärke ist, wenn Sie als auffälliges Gesamtpaket auftreten. Körpersprache, Stimme, Wortwahl und Markenzeichen führen dazu, dass Sie wiedererkannt und Ihnen die selbst gewählten, gewollten Attribute zugeschrieben werden. Außerdem vereinfachen Sie durch wahrgenommene Markenzeichen das Spiel um die Macht und Durchsetzungskraft in Meetings oder bei Ideen-Klau- oder Arbeit-Abwälz-Kollegen. Hinzu kommt, dass auch äußerliches Mainstream langweilig ist und sich in der Regel nicht für Führungspositionen empfiehlt. Durch die äußeren Signale, untermauert durch eine klare Sprache merken die Mitmenschen, dass mit Ihnen nicht zu spaßen ist und Sie ernst zu nehmen sind.

Und durch die Marke verbunden natürlich mit der fachlichen Präsenz werden Sie in Meetings direkt wahrgenommen und nicht als

„beliebiger Teilnehmer" ignoriert, was dann dazu führen würde, dass Sie das Feld beim nächsten Meeting von hinten aufräumen müssten. So sind Sie bereits beim ersten Auftritt ein Mitspieler. Sie können sich Energie sparen, wenn die Herren sich erinnern: das war doch die Blonde mit der scharfen Zunge und der fehlenden Scheu, den Mund aufzumachen.

Ich zumindest finde das besser als markante Persönlichkeit als wenn Mann über mich sagen würde: die kenne ich nicht und scheint auch nicht relevant zu sein, so wie die aussieht. Mit dem sogenannten Thekla-Prinzip, das Daniela Daufeldt in ihrem Buch „Karriere weiblich" (2010) vorstellt, können Sie viele Anregungen für mehr Authentizität im Beruf finden.

Genießen Sie das stressfreie Kleiden und peppen sich trotzdem sichtbar auf und genießen die gewonnene Zeit. Zudem sind Anzüge in der Regel bequem, sie frieren im Flieger nicht und machen auch auf Barhockern eine gute Figur!

Seien Sie eine Königin!

Mann kennt seine Spezies und die damit verbundenen Regeln, um im Beruf Erfolg zu haben. Mann kennt aber nicht die Regeln von Frauen im Beruf und weiß nicht wie sie reagieren und agieren. Damit ist eine ambitionierte, intelligente Frau für nicht wenige Männer eine potenzielle Gefahr, ein unberechenbares Wesen, dass er lieber meidet als ehrlich und bis ganz nach oben fördert.

Ich gelte in manchen Kreisen als unberechenbar, weil Mann nicht darauf achtet, wann und warum die Grenze meiner Geduld und Freundlichkeit erreicht ist. Dabei kann man mir meist im Gesicht ablesen wie es um meine Zustimmung steht und wann diese sinkt - bis hin zu dem Punkt, an dem mein Geduldsfaden reißt. Und auch nach wiederholtem Male gibt es Herren, die nicht erkennen, dass nicht labern und lamentieren, sondern fachbezogene und lösungsorientierte Arbeit das sind, was bei Frau gefragt und relevant ist.

Ich hatte zum Beispiel einen Mitarbeiter, den jeder eine Zeitlang für kompetent hielt, weil er freundlich, versiert und sehr lang ausholend über alle möglichen Themen reden konnte. Ein wirklich hochbegabter Blender. Leider konnte er aber nie präzise auf Fachfragen antworten oder diese in Briefform oder Botschaftsform bringen. Die eigentlich relevanten Antworten erarbeitete er sich erst nach mehrfacher Nachfrage. Er war ein wirklich exzellenter Blender bis zu dem Punkt, wo er termingerecht Inhalte abliefern musste.

Dann fing er nicht nur an, Wikipedia um Antworten auf Fragen zu bitten. Er fing auch damit an, viel Zeit damit zu verbringen, über die viele Arbeit und den Zeitdruck zu lamentieren und über seine Mitmenschen, Vorgesetzten oder Sekretärin schlecht zu reden. Alles und alle Mitmenschen waren Schuld an seiner gestressten Verfassung und Minderleistung, nur er selbst nicht. Darauf angesprochen war es ihm aber nicht möglich, eine Verbindung zwischen Zeitdruck und ergebnisorientierter, termingerechter Arbeit einerseits und dem Zeitverschleudern durch Lästern und Lamentieren zu lamentieren. Ein Prachtstück der Ich-bin-der-Superheld-Wahrnehmung. Erst mehrfache strenge Maßregelung, wiederholte deutliche Worte, klare Terminsetzung und die Umstrukturierung seines Arbeitspaketes brachte ein wenig mehr Ruhe. Hier habe ich gelernt, Königin zu sein und mit einem guten Mix aus Mitgefühl, Strenge und Arbeitsorganisation für mich und meine anderen Mitarbeiter Ruhe in die Abteilung zu bringen.

In Sitzungen wird Ihre Geduld sicher auch gerne auf die Probe gestellt. Haben Sie sich auch schon mehr als einmal ordentlich über die zumeist männlichen Grützgurken aufgeregt, die in Meetings dauernd den Mund aufmachen, ohne etwas zu sagen? Wenn es aber um die Verteilung der Aufgaben geht, sind die Grützgurken schon bei 1 auf dem Baum. Nein? Gratulation? Denn Grützgurken sind echt gut darin, keine ToDos aus Meetings mitzunehmen oder mit geringem Aufwand von Projekterfolgen zu profitieren. Das ist nicht nur ungerecht und nervig. Es macht mich wütend und damit heißt es, ihnen auf die Schliche zu kommen und Sie dann zu überführen, indem man sie in die Pflicht nimmt.

Ich gehöre zu den Frauen, die keine Scheu vor viel Arbeit haben und sie anziehen wie ein Magnet. Aber irgendwann kommt auch die arbeitswütigste Frau darauf, dass es ja wohl nicht sein kann, wenn sie fast alles macht, aber andere sich dann mit den Ergebnissen schmücken (ohne was zu tun und weil Superfrau es verpasst hat, laut und deutlich zu klotzen und zu klappern).

Da geht es denn ganz stark darum, in Meetings – egal ob Sie diese leiten oder nicht – dafür Sorge zu tragen, dass es

a. eine Agenda gibt
b. einen klar definierten Anfang und ein klar definiertes Ende der Sitzung gibt
c. ein klar definiertes Ziel gibt
d. bei jedem ToDo gleich festgelegt wird, wer dieses bis wann erledigt
e. für eine Gleichverteilung der ToDos gesorgt wird

Umgekehrt hat das ergebnisorientierte und zeiteffiziente Arbeiten und Denken einer Superfrau natürlich auch riesige Vorteile – wenn Sie diese aktiv nutzen. Denn nach wie vor gilt: wer schreibt, der bleibt! Gehen Sie also immer vorbereitet in ein Meeting, notieren sich vorher die wesentlichen Agendapunkte, Ziele, Probleme und Fragen und machen eine Skizze, ein Konzept etc. Aber: stellen Sie all dies erst zur Diskussion, wenn die Herren ihre Ränkespiele gespielt haben!

Da viele Herren zu faul sind, vorbereitet in Meetings zu gehen, stehen die Chancen verdammt gut, dass mindestens 70 Prozent Ihrer Ideen bleiben! Wenn also die Ränkespiele um sind und auch die weiblichen Grützgurken anfangen, rum zu labern, dann ergreifen Sie das Wort. Fassen Sie die großen Erkenntnisse Ihrer Vorredner kurz zusammen und äußern darauf aufbauend (Achtung: die Herren müssen immer das Gefühl haben, dass ihre Ideen eingehen!) die aus Ihrer Sicht wichtigsten 5 Kernpunkte, Ziele und Meilensteine. Dann nicken die Herren hundertprozentig. Durch die Zusammenfassung schmieden sie außerdem neue Allianzen.

Und wenn einer von den Ränkespielen noch nicht erschöpft ist und Fragen an Sie richtet oder versucht, das ein oder andere Argument/Konzept niederzumachen, dann lächeln Sie. Sagen Sie, wie hilfreich und wichtig seine Anregungen sind und dass er diese dann ja in den Punkt XY aufnehmen und konkreter bearbeiten sollte (schwupps, erstes ToDo vergeben!). Dann machen Sie den Sack zu (wenn Sie nicht die Sitzungsleitung innehaben, müssen Sie natürlich mit Ihrem königlichen Lächeln darauf hinweisen, dass Sie ja nicht in die Leitung eingreifen wollen, aber.....), vergeben Sie die ToDos. Das gelingt Ihnen am Besten, wenn Sie die Worte so wählen, dass jeder denkt, es wäre seine Idee gewesen und natürlich müsse er dann auch das ToDo dazu erledigen. Und suchen Sie sich die interessanteste Aufgabe aus!

Haben Sie Spaß dabei, Ihre Ideen umzusetzen, Ihre Fähigkeiten der Manipulation und Führung weiterzuentwickeln und sensationelle Ergebnisse zu produzieren. Außerdem haben Sie die Meetingquasselzeit optimiert, vorausgesetzt, dass Sie die Ränkespiele der Herren liebevoll beobachten und königlich kommentieren. Achten Sie aber auch hier darauf, dass Ihre ToDos und seien sie noch so spannend, nicht zu groß sind und dass sie strategisch wichtig sind. Üben Sie, sich nichts Zusätzliches aufzubürden, nur weil Sie Lust dazu haben oder weil Mann mit einer Charmeoffensive Arbeit abgeben möchte. Lachen Sie dann laut mit Ihrem Charme und sagen dann laut und deutlich Nein!

Königlich dürfen Sie auch sein, wenn zum Beispiel auf Veranstaltungen ein Herr Ihr Businessflirten missversteht und Sie angräbt. Bleiben Sie cool. Das kann allein der Tatsache geschuldet sein, dass er es nicht gewohnt ist, mit Superfrauen auf Businessebene zu verkehren. Seien Sie freundlich – egal wie sehr Ihr Inneres rebelliert und Ihre Emanze nach Rache und deutlichen Worten schreit – seien Sie königlich! Die eleganteste Art ist es, sich von dem Herrn zu verabschieden indem Sie sagen: ah, ich sehe dort Herrn Sowieso, Sie erlauben, dass ich ihn begrüßen möchte....Dann gehen Sie an einen anderen Tisch – oder Sie holen einen Dritten in die Runde und platzieren ihn zwischen dem Angräber und Ihnen. Oder Sie gehen (etwas länger) aufs Klo (Frauen dürfen das). Dann muss der Angräber sich einen neuen Gesprächspartner suchen, um nicht allein auf dem Event dazustehen. Wichtig ist aber vor allem, dass Sie die Veranstaltung zeitig verlassen, d.h. bevor der Schnapps kommt oder kein Dritter mehr zum „Dazwischenstellen“ da ist!

Wenn es denn aber doch mal keinen freundlichen Ausweg geben sollte, sie den Herrn aber für Ihr Netzwerk brauchen und er Ihnen ggf. schaden könnte, weil er „schlecht“ über Sie spricht, dann kokettieren Sie und seien Sie feminin-frech: Fragen Sie ihn: „Herr Sowieso, Sie flirten doch nicht gerade mit mir? Das gehört sich aber gar nicht! Und das würde ich auch gar nicht wollen.“ Punkt. Wetten, dass er sagt, dass er eben auch nicht flirten wollte! Welche Blöße müsste er sich damit geben. Und sagen Sie es wirklich so, dass er sein Gesicht wahren und Ihnen niemals einen Strick daraus drehen kann. Denn das Blöde ist: im Privatleben können Sie sagen: „Junge, lass mich in Ruhe.“ Aus. Ende. Im Job sind Sie und auch die Angräber Teil eines Netzwerkes, man begegnet sich immer irgendwo wieder. Da sollten die Fronten nicht aufgebauscht werden, nur weil Mann meint, er könnte bei Ihnen landen. Sehen Sie auch dies königlich und seien Sie großmütig. Letztlich ist es ja ein Kompliment an Sie, dass er Sie attraktiv findet. Und Sie haben die Waffen der Frau, aus der Sache für alle gesichtswahrend und charmant rauszukommen!

Seien Sie sich selbst viel wert!

Gerade in Zeiten von Burn Out oder Work-Life-Balance-Diskussionen wird es umso klarer, wie wichtig es ist, auf sich zu schauen. Nicht wenige in meinem beruflichen Umfeld sind mit Mitte 40 bis Anfang 50 zusammengeklappt. Nicht alle haben sich von Schlaganfall, Depression oder anderen Krankheiten wieder erholt.

Ein Grund mehr war das für mich, näher hinzuschauen. Ich habe nicht vor, mit Anfang 50 halbseitig gelähmt zu Hause zu sitzen und mich von meinem Partner oder einer Pflegekraft pflegen lassen zu müssen. Jeder von uns hat eine andere Reizschwelle, an der er gestresst ist, an der er droht krank zu werden. Natürlich stehen berufliche Situation und Krankheit nicht immer in einem Zusammenhang – aber eben sehr oft, erst recht, wenn es um psychische Leiden geht.

Egal wie man die Entwicklungen der Krankenstatistik interpretiert. Alleine ein Blick in Betriebe und Freundeskreis reicht ja schon, um zu sehen, wie viele psychische Leiden haben. Diese Leiden sind nicht immer aber eben auch nicht selten an der Grenze zur Krankheit. Interessanterweise habe ich nur selten Menschen getroffen, die sich intensiv damit auseinandergesetzt haben, was sie selbst an ihrer Situation, ihren Ansprüchen und Einstellungen ändern können, damit es ihnen besser geht. Das fängt an bei der Art und Weise, wie cholerische Vorgesetzte akzeptiert und ertragen werden, ob Arbeitsbelastungen als gegeben hingenommen werden und ob Aussagen benutzt werden: „was soll ich denn machen, ich brauche das Geld, ich habe Frau und Kinder zu ernähren" oder „ich bin so arm dran, ich reibe mich auf, um alles gut zu machen, wenn ich ein wenig mehr Sport mache und gesünder esse, händle ich das schon." Toll sind auch jene, die es schaffen, die Choleriker schön zu reden, nach dem Motto, „der Arme musste ja seinem Druck auch mal Luft machen, der meint ja gar nicht mich" oder aber „die anderen sind Schuld, ich kann an meiner Lage nichts ändern."

Ich empfand solche Erklärungen immer schon merkwürdig. Da sitzen intelligente engagierte Menschen, die die Verantwortung für ihr Wohlbefinden an einen Chef, der oftmals noch nicht mal menschlich ist, abgeben, anstatt sich um sich zu kümmern. Und wenn dann sah das Um-Sich-Kümmern gerne so aus, dass derjenige seinen Arbeitseinsatz massiv reduziert hat und sich regelmäßig hat krankschreiben lassen, so dass die Kollegen all das Liegengebliebene noch mitmachen durften.

Offensichtlich ist es ein gesellschaftlicher Konsens, dass man sich aufreibt bis zur Erschöpfung, Krankheit, weil man ja selbst an seiner Situation aus vermeintlich wichtigen Gründen nichts ändern kann, wenn dann müsste ja der Chef etwas ändern oder die Firmenpolitik oder man müsste im Lotto gewinnen, einen reichen Mann finden oder oder oder. Ich wähle bewusst an dieser Stelle die Formulierung „man", denn in meinen Augen und nach meiner Erfahrung, sind viele dieser Jammerer sehr bequem. Sie geben anderen die Schuld an ihrer Lage und ihrem gesundheitlichen Zustand, damit sie selbst keine Verantwortung für sich tragen und etwas verändern müssen.

Dabei möchte ich nicht falsch verstanden werden. Natürlich gibt es viele Menschen, die ihre Familie ernähren müssen oder sich aus Angst, ihren Job zu verlieren, nicht gegen Vorgesetze und ihr Verhalten wehren. Natürlich gibt es auch nicht wenige, die allein aufgrund ihrer Qualifikation oder einer räumlichen Notwendigkeit, nicht einfach so ihren Job wechseln können oder statt 5 nur 4 Tage die Woche arbeiten gehen.

Es gibt aber eben auch mindestens genauso viele, die auf hohem Niveau jammern und an ihrer Lage nichts ändern wollen. Die Berichterstattung über Burn Out und Co bestätigt, dass die bestehenden Rahmenbedingungen oft Ursachen für Erkrankungen sind. Da frage ich Sie: wie wenig sind sich diese Menschen wert, dass sie lieber ernsthafte Erkrankungen und massive Einbußen in der Lebensqualität hinnehmen als sich ernsthaft mit ihren Bedürfnissen und Wünschen und körperlicher wie psychischer Belastbarkeit und ihren Grenzen auseinander zu setzen?

Wie viele Mitarbeiter klagen über eine zu hohe Arbeitsbelastung und weisen ernsthafte Stresssymptome auf, machen sich aber keine Gedanken darüber, wie sie ihre Arbeitsorganisation und ihr Zeitmanagement verbessern oder auch ihre Einstellung dahingehend ändern, ob 80 oder 150 Prozent ein gutes Ergebnis ausmachen? Ich kenne sehr viele, die in ihrem Bürochaos versinken, jede Mail direkt bearbeiten, und gerne mal ein längeres Gespräch in der Kaffeeküche abhalten und sich dann um 17 Uhr wundern, dass sie von dem, was sie am Tag schaffen wollten, noch nichts erledigt haben. Das stresst natürlich. Umgekehrt wäre es so einfach, dies abzustellen.

Um Sie selbst davor zu bewahren, in ein massives Ungleichgewicht zwischen Psyche, Physis und Büro und der persönlichen Lebensqualität zu geraten, empfehle ich einen ehrlichen Blick in den Spiegel. Schauen Sie, wo Sie stehen, indem Sie Zettel und Stift zur Hand nehmen und auf einer Liste zusammen stellen, wie Ihr Berufsleben aussieht. Ergänzen können Sie natürlich auch private Dinge.

Beantworten Sie stichwortartig folgende Fragen:

- *Warum arbeite ich in der Firma?*
- *Was finde ich gut an meinem Arbeitsplatz, an meinem Aufgabenbereich, an meinem Umfeld?*
- *Was gefällt mir am Job nicht?*
- *Stresst mich etwas und wenn ja warum?*
- *Drohe ich aufgrund meiner Arbeit psychisch und physisch krank zu werden?*

- *Was kann ich ändern?*
- *Wo kann ich nichts ändern?*
- *Was müsste geschehen, damit ich zufrieden mit meinem Arbeitsplatz werde?*
- *Könnte externe Unterstützung, z.B. ein Coach oder eine Schulung, mir dabei helfen, dass ich zufriedener werde?*
- *Will ich überhaupt etwas verändern?*

Wenn Sie tatsächlich etwas an Ihrer beruflichen Situation verändern möchten, erstellen Sie zum Beispiel zusammen mit Ihrem Coach einen Zeitplan und überlegen, was Sie wann verändern wollen und wie Sie dies machen und wofür Sie sich externe Unterstützung wann holen werden. Je konkreter Sie dies für sich notieren, desto größer ist die Umsetzungswahrschein-lichkeit. Wenn Sie sich nicht sicher sind, fragen Sie Ihren Coach, Ihren Mentor oder andere Unbeteiligte danach,

- *wie er Sie sieht,*
- *was für einen Eindruck Sie auf ihn machen*
- *wie Sie die Situation verändern und Ihre Lebensqualität steigern können*
- *welche Erfahrungen derjenige in vergleichbaren Umständen gemacht hat.*

Dann machen Sie eine Liste mit Ihren Wünschen und Bedürfnissen und überlegen, welche Möglichkeiten es gibt und wann, wie und wo und mit wem Sie diesen etwas näher kommen können. Sei es der feste Termin an der Volkshochschule, der Sie dazu „zwingt", das Büro mittwochs um 18 Uhr zu verlassen, sei es die feste Verabredung mit der Freundin dienstags um 18 Uhr im Sportstudio oder sei es das Buchen des langersehnten Wellnesswochenendes, das sie schon seit Monaten aufschieben. Genießen Sie diese Versprechen an sich selbst.

Werden Sie aktiv und machen einen Plan, wann Sie was und in welcher Form, mit welcher Maßnahme umsetzen. Und zwar sollte dieser Plan so konkret sein, dass Sie ihn auf die sieben Wochentage herunterbrechen. Gleiches gilt für das Planen ihres Arbeitstages. Wenn Sie sich für die Erstellung einer Präsentation klar sagen, die mache ich zwischen 9 und 16 Uhr und zwischendrin mache ich 30 Minuten Mittag und einmal 30 Minuten meine Mails, dann werden Sie weniger in Versuchung geraten, Telefonate länger als nötig zu führen oder sich zum Kaffeeplausch in der Küche zu treffen.

Ich wette mit Ihnen, dass Sie am Abend nicht nur guten Gewissens zur Volkshochschule gehen können. Sie werden es auch mit einer hohen Zufriedenheit tun. Sie werden eine gute Präsentation erstellen, da Sie sich aufgrund der begrenzt verfügbaren Zeit sehr viel intensiver konzentrieren als ohne Planung.

Dadurch, dass Sie sich organisieren, agieren Sie bewusster und nutzen Ihre Zeit gezielter. Damit geben Sie Ihrem Selbstwert auch einen größeren Raum, was nicht nur gut für die Gesundheit sondern auch für die Lebensqualität ist. Dabei sollten Sie aber natürlich auch Ihre Flexibilität behalten und schauen, Ihre Leichtigkeit nicht zu verlieren. Denn wenn eine Katastrophe passiert, können Sie nicht darauf beharren nun aber Ihre Präsentation machen zu müssen.

Geben Sie sich auch die Flexibilität und seien Sie großzügig mit sich, wenn Sie beispielsweise trotz aller Konzentration nicht bis 16 Uhr fertig sind oder die Kreativität fehlt, um das Projekt durchzuziehen. Da kann es immer sinnvoll sein, im Zweifel zu sagen: heute ist nicht mein Tag, ich tausche mein heutiges Programm mit dem von Morgen. Auch dies ist eine Wertschätzung für sich und ein hohes Maß an Selbst-Bewusstsein.

Belohnen Sie sich und loben sich regelmäßig!

Ich weiß ja nicht, wie Sie so aufgewachsen sind. Ich für meinen Teil hatte eine tolle, behütete Kindheit, wurde (vergebens) zur Bescheidenheit und zum Dienen erzogen, lernte Bitte und Danke zu sagen. Ich lernte, dass immer andere Menschen mich bewerten und beurteilen. In der Schule bewerteten mich die Lehrer, in der Clique die Freunde, in der Musikschule der Lehrer oder das Auditorium, an der Uni die Professoren oder Assistenten. Und dann war da noch sehr ausgeprägt: mein innerer Kritiker, der mich schon vor allen Anderen beurteilte.

Nun mögen Psychologen ihre Wonne an der Analyse meines Seins haben und Sie werden sagen: warum hat sie das zugelassen? Ich sage, ja ich war naiv. Ich habe es sogar soweit zugelassen, dass Energievampire freies Spiel bei mir hatten und sich fröhlich und ungeniert an meinen Energievorräten bedienten. Eigentlich wollte ich ja nicht dienen, sondern etwas in unserem Wirtschaftsleben zum Besseren entwickeln, Besitzstände aufbrechen. Die Erkenntnis kam erst mit der Berufserfahrung, dass wir uns um uns selbst kümmern und darauf achten sollten, dass es uns gut geht. Das gilt für die Art wie wir mit Energievampiren umgehen genauso wie für Großmut und Großzügigkeit uns selbst gegenüber, unseren Fehlern und Schwächen und all den lustigen Eigenheiten, die Jede von uns zu dem macht, was sie ist – ein Charakter und eine tolle Frau.

Lange Zeit dachte ich und das hängt mit Sicherheit mit meiner Erziehung zusammen, dass ich genauso wie ich negativ bewertet werde auch positiv bewertet oder gelobt werde.

Mein innerer Kritiker war natürlich mit Lob geizig, also hoffte ich lange Zeit immer wieder auf Lob von Kollegen, Mitarbeitern oder Chefs. Aber

Sie wissen, was jetzt kommt: ich wartete vergeblich. Lob kommt nicht vor in meiner Berufswelt und wenn, dann wird es nur eingesetzt, damit Mann etwas von dem Kuchen Ihrer Leistungen oder der Energievampir noch mehr Energie frei Haus bekommt. Ich lernte aber erst vor ein paar Jahren, dass es ab einer bestimmten Karrierestufe niemanden außer mir selbst mehr gab, der mich lobt - außer wenn Mann mit Ihnen ins Bett will oder eben versucht, Sie durch den Wechsel von Zuckerbrot und Peitsche zu Höchstleistungen ohne Ansprüche an Gehalt und Karriereaufstieg zu animieren. Es hat meinen inneren Kritiker lange Zeit ordentlich befeuert, dass ich kein Lob bekam, selbst wenn ich fand, dass ich ein Projekt super abgeschlossen oder eine tolle Rede gehalten habe. Ich war wirklich zeitweise frustriert, weil ich für drei Menschen arbeitete und in meinem Innersten – weit weg vom inneren Kritiker – auch dachte, dass ich drei Mal besser war als die meisten anderen Menschen in vergleichbaren Positionen.

Außerdem suchte ich Feedback, weil ich noch besser werden, mich weiterentwickeln wollte. Aber da kam nichts und jegliche Einforderungsversuche scheiterten. Ich fragte mich ehrlich: Warum? Die Erkenntnis kam mir auf einer langen Autofahrt früh morgens im Schneegestöber. Mir kam zum Einen die Erkenntnis, dass die Herren mich als Fremdkörper in ihren Runden ansahen. Zum Anderen merkten sie instinktiv, dass auch ich ein Alphatier war. Sie kriegten einfach nur die Tatsache nicht zusammen: attraktive Frau und Alphatier. Und damit konnten sie mangels Souveränität natürlich auch nichts Positives über mich sagen. Dazu waren sie viel zu sehr mit sich und dem Abklären ihrer Position in den Runden beschäftigt.

Erst dann lernte ich, dass ich mich einmal mehr auf mich und meinen inneren Kritiker verlassen sollte und nicht auf Dritte. Und ich habe gelernt, mir bei jeder sinnvollen Gelegenheit zu sagen: „Du warst gut!" oder auch: „Heute hat es halt nicht so geklappt, aber das ist okay so bzw. mit einem derzeit leistbaren Aufwand war halt nicht mehr rauszuholen!" Diese Großzügigkeit mir selbst gegenüber und damit verbunden, die Liebe und der Respekt für mich und mein Wirken hat mittlerweile auch meinen inneren Kritiker weg vom Selbstzerfleischen hin zu einem sinnvollen konstruktiven Wesen entwickelt. Und mittlerweile ist es okay für mich, nicht fortlaufend 150 Prozent zu leisten (zumal in der Regel Mann nur 80 Prozent gibt, aber das ist ein anderes Thema).

Sich um sich selbst zu kümmern und zu loben und an seinen Aufgaben gesund zu wachsen fühlt sich gut an. Probieren Sie es einfach aus! Das können Belohnungen wie eine Massage oder eine CD oder ein heißes Bad am Abend genauso sein wie ein kräftiges Klopfen der rechten Hand auf die linke Schulter. Egal, Hauptsache es ist etwas, das Sie genießen oder worüber Sie sich freuen können. Da wir Geschenke ja in der Regel von Dritten nur zu bestimmten Feiertagen wie Geburtstag oder Weihnachten bekommen, gilt es, sich selbst zu beschenken. Täglich! Jeder Tag im Jahr ist ein Tag, um sich zu beschenken, zu belohnen für gemeisterte Herausforderungen und für Freude im Leben. Auch wenn Sie jetzt sagen: warum soll ich mich nach einem Misttag belohnen. Ich sage: eben drum, denn auch diesen Misttag haben Sie überstanden! Egal wie ätzend der Tag war: Sie haben ihn gemeistert! Und wenn er toll war und Sie toll waren sind Sie so oder so eine Belohnung wert! Und wenn Ihnen das schwerfällt, weil der Tag oder die Woche nicht Ihren Ansprüchen gerecht wurde, dann stellen Sie sich die Fragen:

- *Warum sollte jemand Ihr Leben besser gestalten als Sie selbst?*
- *Warum sollte jemand anderes besser wissen, was Ihnen Spaß macht als Sie selbst?*
- *Warum sollte jemand anderes Sie besser behandeln als Sie sich behandeln?*
- *Warum sollte jemand anderes Sie beschenken, wenn Sie sich selbst nicht wertschätzen?*

- *Warum sollte Sie jemand anderes zum Lachen bringen, wenn Sie sich selbst das Lachen nicht zugestehen?*
- *Wer sollte Ihnen Genuss zeigen, wenn nicht Sie selbst?*
- *Warum sollte Ihnen jemand anderes Gutes tun, wenn Sie sich selbst verschmähen?*
- *Warum sollte Ihnen jemand Anderes mit Achtung begegnen, wenn Sie selbst sich nicht achten und auf sich Acht geben?*

Im täglichen Tun können Sie zudem enorm an Zufriedenheit gewinnen, wenn Sie Ihre Perspektive ein wenig in Richtung Großzügigkeit-mit-sich-selbst lenken. Haben Sie sich schon mal die Frage gestellt: was habe ich heute im Büro eigentlich gemacht; wo ist der Arbeitstag geblieben? Wer kennt diese Frage nicht. Sie gehen morgens ins Büro und planen ihre ToDos für den Tag. Dann kommen neue Themen auf Ihren Tisch, dauernd klingelt das Telefon, eine Sondersitzung wird einberufen und am Abend haben Sie das Gefühl, nichts geschafft zu haben. Ihre ToDo-Liste ist nicht kleiner geworden und das ist unbefriedigend. Nun wissen wir alle, dass wir unseren Arbeitstag zu maximal 20 Prozent verplanen sollten, da eben die anderen 80 Prozent des Tages durch das sogenannte Tagesgeschäft oder neue, unerwartete Baustellen gefüllt werden. Aber selbst die 20 Prozent zu schaffen, kann –außer wenn Frau den Abend dranhängt – eine Herausforderung sein. Unabhängig von eben diesen Arbeitsorganisationstechniken rate ich: schauen Sie genauer hin. Wenn Sie am Abend das Gefühl haben, Sie hätten ja nichts geschafft, und wenn Sie gestresst sind, dann verändern Sie die Perspektive. Schauen Sie genau hin und schreiben einmal auf, was Sie am heutigen Tag alles getan haben. Vergessen Sie nicht die kleinen Dinge und jenes, was wir am Abend schon fast vergessen haben, sei es, dass Sie eine Kollegin getröstet, durch ein Telefonat eine mittlere Katastrophe verhindert oder endlich die alten Visitenkarten aussortiert haben. Ich wette mit Ihnen, dass die Liste recht lang ist. Schließlich haben Sie einen ganzen Tag Ihres Lebens für Ihren Job investiert! Und da ist es doch irrelevant, wenn Sie das eigentlich Geplante nicht voll und ganz geschafft haben. Freuen Sie sich, an all den kleinen und den unerwarteten Dingen, die Sie erledigt haben. Sie haben einen wertvollen Beitrag für den Erfolg Ihres Unternehmens geleistet und Sie waren gut in Ihrem Tun. Und die Freude und den Stolz über die vielen kleinen erledigten Dinge, egal ob geplant oder ungeplant, können Sie genießen.

Klopfen Sie sich auf die Schulter und dann aktualisieren Sie ihre restliche Arbeitswoche neu und entscheiden neu, wann welche Aufgabe erledigt wird. Planen Sie dafür realistische Zeiten ein und geben sich genügend Zeit für die kurzfristig auftauchenden Dinge, von denen Sie heute noch nichts wissen.

Genießen Sie die vielen kleinen Dinge des Tages, das erhöht enorm die Zufriedenheit mit sich und Ihrem Arbeitsplatz. Zu Beginn müssen Sie sich diese sicher noch schön reden, bald aber werden Sie ihre Bewertungsmuster so verändert haben, dass diese kleinen unerwarteten Dinge, Ihre Zufriedenheit tatsächlich erhöhen und Sie sich ehrlich auf die Schulter klopfen und zufrieden sind.

Nach wie vor arbeite ich daran, meinen inneren Kritiker lieb zu haben und wert zu schätzen – auch wenn er mir das Leben schon oft ganz schön schwer gemacht hat. Ich übe mich darin, ihn großzügiger werden zu lassen und besser mit meinen Schwächen umzugehen. Das erfordert immer wieder viel Üben und Geduld mit mir. Wie ist denn Ihr innerer Kritiker so drauf? Hat er eine kleine Peitsche oder stets ein Stück Schokolade für Sie bereit? Ist er immer im Einsatz und quatscht Sie zu oder hält er auch mal freiwillig die Klappe? Umarmt er Sie regelmäßig und tröstet Sie oder brüllt er Sie an und fordert von Ihnen permanent 24 Stunden täglich Höchstleistungen ein?

Mein innerer Kritiker ist unter anderem eine echte Quatschtüte, die mich zu Disziplin und Höchstleistungen ansporntund erst Ruhe gibt, wenn ich das lautstark einfordere und ihn ruhig stelle (zumindest übe). Immerhin hat er mich zu einem Prädikatsexamen gebracht und meine Karriere kann sich auch sehen lassen, finde ich. Aber: er nervte! Und wenn ich ihn nicht regelmäßig gezügelt hätte und in die Hütte verbannt hätte wie einen Hund, dann hätte er mich vermutlich schon mit Burnout in die Klinik gebracht. Okay, Burnout ist total In, je jünger desto besser. Da ich aber eben noch nie Mainstream war, ist das für mich noch nie eine Option gewesen. Burnout ist doof. Und deshalb habe ich lieber an den schlechten, perfektionistischen Charaktereigenschaften meines inneren Kritikers gearbeitet (und arbeite noch daran). Als mir nämlich das Bild kam, mein Kritiker holt die Peitsche raus, dachte ich: das kann es ja wohl nicht sein. Stets versuche ich, mein Bestes zu geben und dann sage ICH mir selbst andauernd: „das reicht nicht, mach höher – schneller- weiter."

Dazu kam die Einsicht (oder Erfahrung), dass ich Chefs hatte, die meinten „Kein Lob sei Lob genug" (was ein mittelmäßiger Schwachsinn ist und einmal mehr die Theorie der Führungslehre ad absurdum führt, da eben Menschen und nicht Lehrbücher führen). Und wie gesagt werden Sie ab einem bestimmten Karriereschritt nicht mehr gelobt (unabhängig von schlechten Chefs). Da dachte ich mir, wie dämlich ist es, wenn ich mich beruflich engagiere und mich selbst niedermache, indem ich meinen Kritiker zu einem beißenden Hund mache. Ich kann also nur sagen, dass es ganz wichtig und absolut sinnvoll ist, wenn Sie üben, Ihren inneren Kritiker als konstruktive beste Freundin zu sehen! Diese Freundin kann aus Ihnen viel Inspiration rausholen und Ihre Intuition und Ihr Urteilsvermögen schärfen, wenn Sie sie regelmäßig um ehrliches liebevolles Feedback bitten und freundschaftlich fragen: Wie gut war ich? Note 1, 2 oder 3? Okay, 3. War das schlimm? Und was passiert daraus? Nichts? Aha. Was kannst Du daraus lernen für die Zukunft? Okay, das nehme ich an. Dann mache ich das beim nächsten Mal besser.

Sehen Sie solche Aktivitäten als permanente persönliche Weiterbildung mit und für sich selbst. Sie werden sehen, dass dieser offene, freundschaftliche, ergebnisorientierte Umgang mit sich selbst, Kreativität und Zufriedenheit in ungeahntem Ausmaß freisetzt. Sie lernen permanent und werden allein dadurch immer besser in Ihrem Tun. Denn: kein Meister ist bislang vom Himmel gefallen. Wir müssen lernen und üben, um besser zu werden oder voranzukommen. Und: es ist völlig okay, nur mal 80 Prozent gegeben zu haben. Mit einem liebevollen Umgang und viel Humor lebt es sich da leichter.

Lachen Sie regelmäßig und laut – auch über sich selbst!

Humor ist leider selten in den konservativen Etagen unserer Arbeitswelt. Dabei ist lachen sehr gesund und Seminare mit Clowns für das Erlernen von Lachen haben Hochkonjunktur. Erstaunlich eigentlich. Nun ist es nicht Ziel dieses Buches, darüber zu philosophieren oder Ursachenforschung zu betreiben, warum in Büros zu selten gelacht wird. Aber ich möchte an dieser Stelle ein Plädoyer für Humor am Arbeitsplatz und vor allem auch für das Lachen über sich selbst halten.

Humor am Arbeitsplatz hat viel mit Souveränität und natürlich auch mit Zwischenmenschlichkeit zu tun. Ich habe einen eher schwarzen, trockenen Humor, der in vielen Teilen Deutschlands nicht verstanden wird. Um die Menschen nicht zu beleidigen, habe ich es mir angewöhnt, kein ernstes Gesicht zu machen, sondern breit zu grinsen, wenn ich über mich selbst einen Witz mache oder andere auf den Arm nehmen möchte. Klappt nicht immer, aber öfter und natürlich mache ich in vielen Situationen auch keine Scherze, erst recht, wenn ich mein Gegenüber nicht kenne und somit auch nicht weiß, ob und welchen Humor mein Gegenüber so hat.

Ich habe aber Dankbarkeit festgestellt, wenn ich Sitzungsteilnehmer geneckt oder auch mit einem Scherz Komplimente gemacht habe. Und das größte Kompliment ist es, wenn ein ganzer Saal über Ihre Scherze lacht. Kommt selten genug vor, kann aber gelingen. Dazu benötigen Sie einmal mehr Mut. Den Mut einen Scherz zu machen, zu lächeln oder sich selbst auf den Arm zu nehmen.

Zeigen Sie Menschlichkeit und Authentizität. Sie sind ein Mensch mit vielen Gesichtern und keine mimiklose Maschine. Egal welcher Hierarchie Ihr Gegenüber ist, ich habe es nie erlebt, dass Lachen nicht erwünscht war. Im Gegenteil miteinander Lachen fördert das Gefühl von Gemeinsamkeit (man hat schließlich den gleichen Humor) und Verbundenheit (man hat gemeinsam über eine Situation gelacht) und das wiederum ist immens hilfreich für Ihr Netzwerk und die positive Wahrnehmung Ihrer Person.

Kennen Sie viele Menschen, die über sich selbst lachen können? Können Sie über sich selbst lachen? Ich möchte Sie ermutigen, dies zu tun – regelmäßig. Nicht auslachen, sondern liebevoll über Ihre kleinen Macken, Schwächen, tollpatschige oder peinliche Situationen, in denen Sie irgendwie feststeckten. Durch das liebevolle Lachen akzeptieren Sie, dass Sie nicht perfekt sind, dass Sie Mensch sind und dass Sie sich trotzdem oder gerade deshalb lieben. Wie sollen andere Menschen Sie lieben, respektieren und akzeptieren, wenn Sie dies selbst nicht tun? Durch ein Lachen über sich selbst demonstrieren Sie Souveränität, zeigen, dass Ihr Selbstbild nicht völlig verschoben ist und dass Sie sich sehr bewusst über Ihr Tun und Handeln sind. Ich verspreche Ihnen: Sie werden wahrgenommen und zu einem wichtigen Verbündeten für andere souveräne Menschen. Nebenbei werden Sie sich besser fühlen, wenn Sie tagsüber auch mal lachen dürfen und Ihr Humor sich zeigen darf. Das heißt natürlich nicht, dass Sie nun aus dem vollen Humorkasten schöpfen sollen, sondern Ihr Verhaltensportfolio um den Humor und um Lachen erweitern sollen.

Auch für ein gutes Lebensgefühl und eine gute Life-Balance ist es hilfreich, über sich selbst liebevoll lachen zu können. Denn: Jede Superfrau macht auch mal etwas Dummes oder ist ungeschickt. Ich zum Beispiel bin recht tollpatschig. Ich kleckere mit Vorliebe bei Geschäftsessen Dressing auf meinen Busen. Da Perfektion ja nicht nur langweilig, sondern auch unmöglich ist und solche Dinge ja leider nicht ungeschehen gemacht werden können, würde ärgern nur hässlich machen, aber an der Situation an sich nichts ändern. Schließlich würden wir damit völlig unnütz Energie verbrennen.

Stattdessen finde ich es viel befreiender, lauthals über mich zu lachen. Schließlich ist meine Tollpatschigkeit eine liebenswürdige, wenn auch manchmal etwas nervige, überflüssige Eigenschaft, die ich aber nicht ablegen kann wie einen alten Schal. Egal wie sehr ich mich bemühe, kleckerfrei zu essen oder nichts fallen zu lassen, es gelingt mir nicht. Damit ist diese Tollpatschigkeit offensichtlich eine Eigenschaft, die zu mir gehört und mit der ich großzügig umgehen sollte.

Überraschen Sie!

In Sitzungen oder bei Vorträgen wird ja gerne geplaudert, mit Vorliebe in der ersten Reihe. Ich gebe zu, ich mache das auch gerne, wenn mir langweilig ist und mir ist oft langweilig in Sitzungen oder Konferenzen. Trotzdem ist Quatschen dem Redner oder dem Sitzungsleiter gegenüber unhöflich und respektlos, ähnlich wie Mails lesen während Sie eine Rede halten, auf die Sie sich stundenlang vorbereitet haben.

Aufgrund meines ausgeprägten Empfindens für Ungerechtigkeit sehe ich es gar nicht ein, mir die Mühe zu machen, die Quatscher und Dauermailsleser freundlich zu ignorieren, wenn ich eine Rede halte oder die Sitzung leite. Also mache ich mir einen Spaß daraus, die Herren persönlich anzusprechen. Denn statt beleidigt zu sein oder meinem inneren Kritiker den Raum zu geben, mich mit Selbstzweifeln über mangelnde Leitungs- oder Rednerqualitäten zu übersäen, überrasche ich lieber. Auch Ihnen möchte ich Mut machen. Setzen Sie Ihr charmantes souveränes Königin-Lächeln auf, schauen die Störenfriede bzw. Ignoranten an und stellen Fragen wie beispielsweise:

- *Langweile ich Sie? Ich finde das auch nicht so spannend, aber wir sind ja nun einmal hier, um für das Problem eine Lösung zu finden. Was schlagen Sie denn vor?*
- *Na, Sie haben sich aber lange nicht gesehen, dass Sie ausgerechnet während meiner Rede miteinander quatschen müssen! Dürfen wir teilhaben?*
- *Ich kann mir vorstellen, dass das ein für Sie total spannendes Thema ist, würde das aber dann gerne auf die Diskussion verschieben, okay?*

Und bestimmt fällt Ihnen noch viel Besseres ein, um die Herren zur Aufmerksamkeit zu bringen. Und die ist Ihnen sicher, denn die Herren sind es nicht gewohnt, freundlich gemaßregelt zu werden. Sie haben auch oft vergessen, wie unhöflich es ist, Sitzungen und Veranstaltungen zu stören. In der Regel halten sie nach Ihrer Ansprache still und entschuldigen sich nach der Veranstaltung bei Ihnen wie kleine Jungs.

Manchmal aber sind die Jungs übermütig und quatschen weiter. Dann haben Sie weitere „Eskalationsstufen“: erstens kommt es zumeist zu großem Gelächter, wenn Sie lachend ins Mikrofon ausrufen: „Meine Herren, Sie sind ja alberner als in der Schule. Beim nächsten Mal setze ich Sie auseinander!“ Wenn das auch nichts bringt, ist es vorbei mit dem Charme und Sie schweigen bis Ruhe einkehrt oder greifen zu: „Wenn die Konzentration nicht reicht, stimmen wir jetzt ab. Wer ist für Option A? Wer für B? Danke, dann können wir ja die Sitzung beenden.“ Punkt, Ende, Aus. Kein: „Sie müssen mir doch zuhören!“ oder Heulen, sondern ein souveräner Abtritt wie eine Königin. Außerdem sind Sie das Alphatier geblieben und Sie können sich frühzeitig wieder wirklich relevanten Dingen widmen. Sie können sich über die gewonnene Lebenszeit freuen und zum Beispiel zum Sport gehen statt nochmal 2 Stunden in dieser überflüssigen Sitzung zu palavern. Überraschen Sie: fraulich – freundlich – charmant und machtvoll!

In einigen wenigen Situationen kann es dagegen helfen, mal zu heulen. Denn in der Regel heulen wir vor Wut. Also: Heulen Sie ruhig mal vor Wut! Natürlich nicht in einer Sitzung oder bei einem Vortrag, sondern für sich oder in kleiner Runde. Denn nur auf den ersten Blick mögen Tränen nach Schwäche aussehen. Und sobald sie nicht derart heulen, dass es Ihnen die Sprache verschlägt, sondern sie eher vornehm ein paar Tränen kullern lassen, geschickt das Taschentuch an die Wangen halten und dann ihrem Standpunkt, ihrer Enttäuschung Ausdruck geben, ist die Wirkung in der Regel sensationell. Denn: Mann ist meist mit Tränen derart überfordert, dass er milder agiert als ohne Tränen! Er kommt Ihnen entgegen und muss zumindest sein Handeln erklären.

Sie selbst können diese neue Verhandlungsbasis für sich nutzen und mit gut unterlegten Argumenten nicht nur Ihre Wut, sondern auch ihre Wünsche äußern. Mann wird überfallen sein und diesen Überraschungseffekt können Sie für sich und Ihre Ziele nutzen. Dazu kommt natürlich, dass ein paar Tränen ungemein erleichternd sind! Sie geben Ihren Emotionen Raum, was bekanntermaßen auch gesund ist.

Wichtig für diese Emotion ist aber, dass Sie genau abwägen, ob die Personen, mit denen Sie sprechen dafür empfänglich sein könnten, dass Sie weinen bevor Sie in Tränen ausbrechen. Falls Ihre Intuition Ihnen sagt, dass der oder die Herren nicht oder für Sie nachteilig auf Tränen reagieren würden, lassen Sie es. Warten Sie mit dem Heulen bis Sie zu Hause sind und sein Sie lieber die Wölfin im Schafspelz!

Haben Sie Spaß!

Viel wichtiger als das Überraschen ist aber das Spaßhaben. Egal ob im Büro, in Meetings, auf Veranstaltungen oder auf Dienstreise. Es ist Ihr Leben, Sie können es gestalten und die verfügbaren Instrumente der Frau und der Macht einsetzen. Ich hatte zum Beispiel immer die lustigsten Abendveranstaltungen, wenn ich mir vorher gesagt hatte: „wenn ich da schon hingehen muss, dann will ich wenigstens Spaß haben und ich werde eine Königin sein."

Spaß haben heißt aber auch erst einmal, den richtigen Schritt zu machen. Erst recht, wenn Sie noch keinen Menschen auf einem Event kennen. Ich habe gute Erfahrungen damit gemacht, recht früh auf eine Veranstaltung zu gehen. Dann bekommen Sie schnell einen Überblick darüber, wer schon da ist und sehen fortlaufend, wer neu hinzukommt. So können Sie die Lage sondieren und Sie können sich aussuchen, auf wen Sie zugehen und sich vorstellen, falls Sie noch keinen der Anwesenden kennen. Gehen Sie auf sympathisch aussehende ältere Herren zu und stellen sich vor und beginnen mit einem Smalltalk und Fragen wie: wer sind Sie und was machen Sie hier?

Das Schöne ist, dass eine charmante, selbstbewusst auftretende Frau von Männern bei solchen Events als Bereicherung und nicht als Bedrohung gesehen wird. Sie fühlen sich vermeintlich sicher und sind nicht irritiert ob der Tatsache Frau und Alphatier, denn sie sehen hier das Alphatier noch nicht. Das heißt, sie meinen, sie bräuchten kein Ränkespiel einzuleiten und dürfen sich mit Ihnen schmücken (und welcher Mann schmückt sich nicht gerne mit einer Superfrau?!). Und Sie dürfen Ihren neuen Gesprächspartner irritieren, denn allein durch freche Fragen geht in seinem Unterbewusstsein die Fragerei los: wer ist Die, eine Sekretärin ist sie nicht, dafür ist sie nicht devot genug und wäre auch nicht hier....aber einen Kerl hat sie auch nicht dabei......ist die wichtig oder nicht….." Das ist lustig! Die Kunst ist es dann, an einem Tisch zu landen (egal ob gesetztes Essen oder an Stehtischen), an dem entweder für Sie wichtige oder wenigstens sympathische Leute sind. Lernen Sie diese dann näher kennen und netzwerken, was das Zeug hält.

Ist das Karrierestreben heute nicht im Vordergrund nutzen Sie die Devise: Ich will heute Abend Spaß haben und das verbinde ich mit netzwerken. Wenn also das Gespräch erlahmt und Sie beginnen sich zu langweilen, dann wechseln Sie den Tisch oder drehen sich zur anderen Seite der Gesprächsrunde.

Aber auch bei diesen Gelegenheiten gilt: Klappern Sie, wenn Sie das Gefühl haben, Ihr Gesprächspartner könnte wichtig für Sie sein. Dann beginnen Sie galant einzuflechten, wie wichtig und toll Sie sind und was Sie denn auf der Veranstaltung machen und wen Sie kennen. Ja, ich weiß, Eigenlob stinkt, sagten unsere Eltern. Aber im Job gelten nun einmal andere Gesetze als jene, welche uns unsere Eltern als Mädchen beigebracht haben. Klappern Sie also erst einmal freundlich galant und mit dem Ihnen eigenen Stil. Und dann gehen Sie dazu über, die Herren durch Fragen und durch Komplimente einzufangen. Nutzen Sie dazu ähnliche Themen, wie jene, mit denen Sie über sich geklappert haben. Passen Sie aber auf, dass nicht der Eindruck entsteht, Sie würden flirten wollen oder gar mehr anbieten.

Stellen Sie sich einfach vor, Sie reden mit einem Familienmitglied, Ihrem Vater, Onkel oder jemandem, mit dem Sie niemals ein sexuelles Interesse verbinden würden. Sagen Sie etwas wie: „Ich habe Ihre Rede gehört und fand es sehr provokant, wie Sie über das Thema sprachen. Damit haben Sie doch bestimmt bei Herrn X. angeeckt. Ich werde mir die These merken, wenn ich nächste Woche auf der Veranstaltung über das Thema Z spreche. Ich finde es wichtig, zu provozieren, denn nur dann kann man etwas in Bewegung setzen, Dinge verändern, zum Nachdenken anregen."

Berufsklappern verbunden mit der weiblichen Galanterie ist auch beim Spaßhaben immens wichtig und bei mir führte es eigentlich immer zu positiven Entwicklungen. Es sei denn, Mann verstand mich wirklich falsch oder wollte mich falsch verstehen und sich einbilden, dass ich ihm eine Affäre oder Ähnliches anbiete. Sobald ich das gemerkt habe - das sehen Sie am Blick und da können Sie sich wirklich auf Ihre Intuition verlassen - habe ich angefangen, von meinem Partner zu reden und was wir für tolle Pläne für das Wochenende haben.

Einer hat es allerdings mal gar nicht gemerkt. Er war zwar sehr unattraktiv, sah das aber wohl anders und rief mich ein paar Tage nach der Veranstaltung an, um mich zu fragen, ob meine Schwiegermutter etwas dagegen hätte, wenn ich mit ihm am Wochenende in die Oper ginge. Da fiel mir dann doch für einige Sekunden die Kinnlade herunter. Wie dreist, dachte ich mir. Ich sagte sehr deutlich, dass meine Schwiegermutter, wenn ich denn verheiratet wäre, sehr wohl etwas dagegen hätte und beendete das Telefonat. Einige Wochen später sah ich den Herrn mit einer viel jüngeren attraktiven Blondine am Flughafen. Unglaublich, was manche Frauen sich so antun.

Ich möchte Sie aber trotz solcher Erlebnisse ermuntern, Ihr Frausein für sich und Ihre Karriere auf positive Art zu nutzen. Was können Sie dafür, wenn Mann auch gerne an Anderes denkt als nur das Netzwerk. Im Gegenteil denke ich mir. Wenn Mann denn schon oft so einfach gestrickt ist, warum sollten wir dann unseren Charme nicht einsetzen, um für uns und unser Vorankommen oder den Spaßfaktor unseres Tuns zu steigern? Ich finde daran nichts Verwerfliches. Solange Frau es nicht durch anzügliche Bemerkungen übertreibt, zu tiefe Einblicke in den Ausschnitt gewährt oder zu enge kurze Röcke trägt.

Umgekehrt halte ich auch nichts davon, in sackartigen Kleidungsstücken und männlichem Kurzhaarschnitt und den Verzicht auf Makeup und Absätze zu verstecken, dass frau Frau ist. Auch darf es schon ein wenig Charme sein und ein breites galantes Lächeln, das wir einsetzen, um eben dieses Asset Frausein zu unserem Vorteil zu nutzen. Nur eben in Maßen. Nutzen Sie es also für sich, eine Frau zu sein, wie eine Frau auszusehen und sich zu kleiden und charmant lächelnd zu agieren. Mann fühlt sich wohl und Sie sich auch.

Es geht ja eben nicht darum mit dem Mann anzubandeln. Es geht darum, ein Netzwerk zu knüpfen und Verbündete zu finden und Spaß im Job zu haben. Dafür sollten sich alle Beteiligten im Miteinander wohlfühlen. Mann kennt die Regeln dieses Spiels und bei ausreichender Distanz begegnet er Ihnen auf Augenhöhe und merkt gar nicht, dass Sie das Alphatierspiel auf Superfrauart spielen. Er fühlt sich wohl und nicht bedroht oder unsicher. Also öffnet er sich, erzählt aus seinem beruflichen Erfahrungsschatz. Wenn Sie geschickt fragen, gibt er gar nützliche Tipps für Strategien oder Informationen preis. Und Sie können bei ihm Punkte sammeln, indem Sie Fragen stellen, die ihm das gute Gefühl der Relevanz geben, durch kecke Sprüche, die ihn zum Lachen bringen, sachliche Aussagen und klare Kritik, womit eben glasklar wird, dass Sie nichts Sexuelles von ihm wollen.

Genau mit dieser Mischung werden Sie in die Alphatierrunde aufgenommen, Netzwerktüren öffnen sich und Sie bleiben in Erinnerung. Wenn Sie dem Herren beim nächsten Mal begegnen, intensivieren Sie auf sachlicher Ebene dieses Netzwerk. Die Krönung des Netzwerks entfaltet sich dann, wenn es Ihnen gelingt, zeitnah zu einem „Du" zu kommen. Das signalisiert schließlich für alle sichtbar die Allianz, das Netzwerk und hebt Ihre Bedeutung UND die Ihres Gesprächspartners.

Wichtig ist dabei aber immer, dass Sie sich selbst treu bleiben und beim Spaßhaben wohl fühlen. Ich zum Beispiel kann mich nicht bei Menschen überwinden meinen Charme spielen zu lassen, die mir sehr unsympathisch sind oder die echt widerlich in Ihrem Aussehen oder Verhalten sind. Da müsste ich zu sehr über meinen Schatten springen.

Das hätte für mich dann etwas von Verbiegen über meine selbst gesteckte Grenze hinaus.

Auf derartige Kontakte verzichte ich dann lieber, auch wenn sie nützlich für mich wären. Und von Spaß haben wäre ich dann auch meilenweit entfernt. Wo da Ihre persönliche Grenze des Spaßhabens und des richtig oder falsch Anfühlens ist, wissen Sie sicher besser. Ihre Intuition wird Ihnen in derartigen Situationen genau signalisieren, ob Sie sich wohlfühlen und Spaß an dem Gespräch und dem Vertrauensaufbau haben oder ob nicht. Da können Sie sich sehr gut vertrauen.

Genießen Sie Ihr Tun, auch wenn Sie sich Manches schönreden müssen!

Monika Scheddin sagt in ihrem Buch „Wecke die Diva in Dir!" zu Recht, dass das Leben ein Wunschkonzert ist. Ich sage, das Leben ist zu kurz, um es schlecht zu reden. Natürlich können wir uns Vieles, was das Leben an Leid, Krankheit oder Tod zu bieten hat, nicht aussuchen. Wir sind aber Herrin unserer täglichen Lebensgestaltung. Wir haben eine gute Ausbildung und sind tolle Frauen, die mit beiden Beinen im Leben stehen, die charmant und lebensfroh sind.

Zwar gehört es mittlerweile zum guten Ton, gestresst zu sein, am besten kurz vor einem Burn out zu stehen, weil wir ja alles unter einen Hut bekommen müssen – Job, Karriere, Partner, Kind und Familie. Nun sind aber viele Frauen Single und viele Frauen haben eben keine Kinder. Da ist es natürlich viel leichter, eine Life-Balance hinzubekommen und das Leben in die eigenen Hände zu nehmen und zu gestalten. Und dieses Recht sollten wir uns meines Erachtens nehmen.

Sie haben sich bestimmt schon einmal die Frage gestellt, worum es im Leben eigentlich geht. Geht es um Lernen, Entwickeln, Freude, Glück und Gestaltung und Genuss in unserer westlichen Welt, wo wir Frauen glücklicherweise alles dürfen und uns theoretisch alle Türen offen stehen? Ja, das Leben ist ein Wunschkonzert unter bestimmten Bedingungen. Wenn Sie also das Glück haben, eine gute Ausbildung, ein kleines finanzielles Polster und viel Gesundheit zu haben, möchte ich Sie ermutigen, sich das Leben schön zu reden.

Sie können über viele Dinge, die Sie langweilig, nervig oder anstrengend finden, entweder freundlich hinwegsehen, sie großzügig weglächeln oder sich schön reden. Zum Beispiel können die wöchentlichen Meetings, die Sie furchtbar langweilen, ja auch zur

Theaterbühne werden. Geben Sie jedem Anwesenden einen Namen aus der Tierwelt oder einem Märchen und stellen sich vor, dass das Meeting eine Märchenstory ist. Lächeln Sie und lassen Ihrer Phantasie freien Lauf.

Sobald Sie lächeln, auch wenn Ihnen gar nicht danach ist, denkt das Gehirn: die meint es ernst und Sie fühlen sich gleich wohler. Üben Sie statt zu Jammern und zu Meckern oder Ihrem Unmut stets freien Lauf zu lassen, einen positiven oder gar liebevollen Blick auf die Situation oder das Thema zu werfen. Das verändert nicht nur die Grundeinstellung in eine positive Richtung, Ihnen geht es auch gleich viel besser damit. Sie selbst sind Herrin Ihrer Gedanken und lassen sich nicht von etwas runterziehen. Reden Sie sich die Dinge schön, was das Zeug hält und Sie haben viel mehr Energie für wirklich wichtige Dinge. Gleichzeitig reduzieren Sie Ihren Stresslevel enorm und sind weit entfernt davon, einen Burn out zu erleiden oder depressiv zu werden. Das heißt, durch die Kraft der eigenen Gedanken, das Schönreden, tun Sie einiges für Ihre Gesundheit und Ihr Aussehen. Denn nicht umsonst sagt das Sprichwort: Ärgern macht hässlich! Gesichtsmuskeln verkrampfen, die Augen verengen sich, der Atem wird flacher durch Stress. All das können wir in vielen beruflichen Situationen – nur durch einen Wandel in der inneren Einstellung weg von Schwere hin zur Leichtigkeit.

Verlassen Sie sich auf Ihre weibliche Intuition!

Lehrbücher über Führung und Personalpolitik haben etwas Faszinierendes, finden Sie nicht auch? In meinem Studium hatte ich Personalpolitik als ein Hauptfach und bin in meiner mündlichen Prüfung voll abgemahnt worden, weil ich das Thema Führung von unten nicht lehrbuchhaft, sondern realiter interpretiert habe und mein Professor mir sagte, das sei ja wohl vollkommen irreal. Heute muss ich leider sagen: nein ist es nicht. Die Lehrbücher sind recht weit weg von den schlechten Seiten des Berufslebens und des daraus resultierenden menschlichen Miteinanders sowie den Herausforderungen für das eigene Verhalten, die sich daraus ergeben.

Und wenn Sie einen Job haben, in dem Ihre Arbeit wertgeschätzt wird, in dem kooperativ geführt wird, in dem es eine motivierende Unternehmenskultur gibt, dann lesen Sie nicht weiter und genießen Ihren Job und Ihr Glück!

Soweit ich weiß haben wenige Menschen das Glück, für kompetente, souveräne, kooperative Vorgesetzte arbeiten oder gar eine lehrbuchartige Führungskultur erleben zu dürfen. Entweder wird versucht, einen kritischen wachen Geist mundtot zu machen, eine Superfrau zu verbiegen oder ihre Ideen und Kritik werden ausgesessen. Meist dürfen wir für Energievampire und Kleine Männer mit dem Syndrom arbeiten. Nur einmal hatte ich bislang zeitweise einen echten Mentor. Als der aber das Gefühl bekam, ich könnte seinen Job machen, änderte auch er sein Verhalten und versuchte, mich regelmäßig klein zu brüllen und mein Rückgrat durch Schikane, Mehrarbeit oder Schlechtreden zu brechen.

Die Oberschärfe war aber eine Intrige eines Weicheis, dessen Vorgesetzte ich war. Er hatte die Funktion eines Geschäftsführers und hat nicht nur aus meiner Sicht einen lausigen Job mit vielen Fehlern und Versäumnissen gemacht und ein bequemes Leben geführt. Sein Verhalten – denn er meint auch noch, dass er ja eine gute Arbeit machen würde - hat mich schier wahnsinnig gemacht, aber: er hatte einen Freund, nennen wir ihn Herrn Meier. Es ging zum zeitlichen Ende seines Arbeitsvertrages. Er ließ über Herrn Meier streuen, dass er ja nur meinetwegen seinen Job wechseln wollen und nicht über die Verlängerung seines Vertrags mit mir sprechen wollen würde. Herr Meier platzierte das gezielt. Er hat aber nicht damit gerechnet, dass Frauenpower mehr kann als Männermafia.

Seine Kollegin Frau Müller warnte mich rechtzeitig. Mein Instinkt sagte mir sehr deutlich: hier droht eine Intrige. Gleichzeitig fragte ich mich: wie soll ich mich wehren? Als Erstes wandte ich mich an meinen Chef, der sich alles anhörte und sagte, er werde sich etwas einfallen lassen und sich wieder melden. Still ruhte dann der See. Also wurde ich selbst aktiv und rief einen Vertrauten an, bat ihn um Rat und spielte mit ihm meine Verhaltensoptionen durch.

Dann ging ich in die Offensive, rief sowohl Herrn Meier wie auch den Geschäftsführer an und fragte, wieso denn ich der Grund für eine Beendigung des Arbeitsverhältnisses sein soll. Schließlich sei ich doch noch gar nicht lange in der Funktion (Botschaft: was für ein Weichei sind Sie denn, dass Sie schon das Handtuch werfen, ich habe doch noch gar nicht richtig angefangen, Sie Grützgurke!). Und nicht nur das: ich offerierte dem Geschäftsführer einen attraktiven neuen Arbeitsvertrag, den er trotz der guten Konditionen ablehnte. Schließlich hätte er dann sein Gesicht und sein Argument, er ginge meinetwegen, verloren. Das kalkulierte ich natürlich ein und so war ich ganz Frau und trällerte: „natürlich wünsche auch ich mir eine vertrauensvolle Zusammenarbeit und da müssen wir wohl ein Kommunikationsproblem gehabt haben? Das tut mir sehr leid!“ (Hatte ich schon erwähnt, dass Sie stets eine virtuelle Spucktüte für diese Tiraden in Ihrer Handtasche haben sollten?!). Außerdem lud ich ihn zum Vier-Augen-Gespräch ein, um freundlich zu fragen, warum er denn konkret nicht für uns weiterarbeiten wolle und was ich denn falsch gemacht hätte und wie sehr ich mir doch ein offenes Gespräch vor seiner Kündigung gewünscht hätte. Danach gab es noch eine große Gesprächsrunde, indem ihm nochmals das neue Angebot artikuliert wurde und in dem ich betonte, dass wir ihn natürlich unbedingt und gerne (aber eben nicht um jeden Preis) behalten wollten. Damit wahrte ich das Gesicht und entkräftete mehr als ein Mal, dass nicht ich ein Problem mit dem Geschäftsführer habe, sondern er mit was auch immer.

Am Ende konnte nämlich niemand mehr sagen – zumal ich natürlich auch bei den strategisch wichtigen Menschen streute, wie verwundert ich sei, dass der Geschäftsführer jetzt, wo doch das Kommunikationsproblem aus dem Weg geräumt sei, das Haus verlassen möchte -, dass ich den Geschäftsführer nicht leiden könnte oder unsouverän wäre.

Und ich habe gelernt: Vertraue Deiner weiblichen Intuition und nutze die Schärfe des weiblichen Verstandes und des weiblichen Vorgehens, um die Weicheiallianzen aufzubrechen. Suche Dir immer Verbündete, sonst siehst Du viele Fallen nicht. Wickel dann die Herren über ein gelächeltes „Ich bin so verwundert" ein und schaue, wie Du nicht nur als Siegerin aus der Situation hervorgehst, sondern auch noch Spaß dabei hast und Deine Macht ausbaust.

Wer fragt führt!

Ich dachte lange Zeit, dass derjenige, der Fragen stellt, unwissend ist und eher Mitleid verdient hat als Anerkennung. Die Managementhandbücher, die ich las, fand ich komisch. Da stand wer fragt führt, das fand ich unsinnig und weil fragen ja Doofheit signalisierte und ich nicht als doof dastehen wollte, habe ich mir eine enorme Beobachtungsgabe angeeignet. Nun heute haben Sie die Chance, Ihre Wissenslücken durch ein schnelles Googeln oder einen Blick in Wikipedia mit Ihrem Smartphone zu schließen. Das gab es während meines Studiums noch nicht und auch zu meinem Berufsstart war das Internet noch klein und nicht überall verfügbar.

Ich hatte somit die Wahl entweder permanent als doof dazustehen und zu fragen oder mein Wissen durch Hören, Lesen und vor allem Beobachten aufzupolieren. Schließlich dachte ich ja damals auch noch, dass alle Anderen mehr wissen als ich. Also beobachtete ich und adaptierte damit sehr vieles über Wissen und Verhalten. Als ich dann den Job wechselte und dachte, ich müsse besser sein als meine Kollegen, kam ich an diversen Stellen gar nicht auf die Idee zu fragen. Beobachten ging oft nicht, da jeder Experte für seine Themen war und die damit verbundenen Veranstaltungen und Sitzungen oftmals alleine bearbeiten durfte.

Es kam wie es kommen musste: einberufen wurde die monatliche Sitzung der Abteilung mit dem oberen Chef. Klar war mir nur, dass jeder Mitarbeiter aus seinem Bereich berichten sollte. Da ich aber kein deskriptiver Mensch bin, dachte ich, ich müsse etwas Innovatives vorlegen. Ich erarbeitete ein Konzept für ein Projekt, das den Kunden einen Mehrwert bieten sollte. Das habe ich dann also präsentiert und mich gewundert, was die Kollegen und mein direkter Chef so ruhig wurden. Heute weiß ich, warum der Anschiss hinterher so enorm war.

Ich lernte nicht nur, dass mein direkter Chef eine Grützgurke war, die angst hatte, Frau säge an seinem Stuhl. Ich lernte auch, dass diese Monatssitzungen reine Rapportsitzungen waren, damit der obere Chef informiert ist und mit dem Bereich glänzen konnte. Diese Begebenheit und noch zwei weitere Fehler wurden dann auch noch von meinem direkten Chef herangezogen, um ein sehr unangenehmes Mitarbeitergespräch in der Probezeit zu führen. Ein Gespräch, das mich sehr wesentlich dazu veranlasst hat, darüber nachzudenken, wie ich meinem Vorgesetzten stets das Gefühl geben kann, dass er toll und keine Grützgurke ist. Ein Gespräch, das nicht mangels meiner Kompetenz, sondern mangels Souveränität meines Vorgesetzten, mangelnder Fehlerkultur im Betrieb und meiner Stärke fast dazu geführt hätte, dass ich die Probezeit nicht überstanden hätte. Daraus habe ich viel gelernt und im Umgang mit meinen Vorgesetzten diverse Verhaltensweisen ausgetestet.

Meine Stärke und meine Freude daran, Kritik zu äußern statt sie für mich zu behalten, haben seit jeher dazu geführt, dass ich ranggleichen oder ranghöheren Personen nur dann Respekt zolle, wenn sie es aus meiner Sicht wert sind. Viele Lehrer und Kollegen und keiner meiner direkten Vorgesetzten waren das. Also kritisierte ich, machte Veränderungsvorschläge auch im Job. Mein „Manko" war, dass ich zudem die Einzige in meinem direkten beruflichen Umfeld war, die bereits in einem Unternehmen gearbeitet hat. Das hat dann alle in der Abteilung gewurmt, weil sie doch alle Experten waren und meine Diplomatie noch nicht sonderlich ausgeprägt war.

Damit habe ich den anderen wohl ein wenig zu deutlich das Gefühl gegeben, dass sie ja keine Ahnung von unternehmerischem Denken und Handeln haben. Dadurch habe ich mir einige Feinde gemacht aber dank der vielen tollen Menschen, die ebenfalls mit mir zusammen gearbeitet haben, vor allem viel Respekt eingeholt.

Mein direkter Chef hatte aber nicht die Größe, mein Wissen zu nutzen oder mich an der einen oder anderen Stelle darauf hinzuweisen, dass ich wohl mich ein wenig zurücknehmen sollte. Nein, der Gute hatte Angst vor mir und er musste die Personalleiterin zu dem Gespräch holen. Er meinte, ich wäre zu stark und dominant und würde die Menschen durch meine Art mit dem Rücken an die Wand stellen. Wenn sich das nicht ändere, würde ich die Probezeit nicht überstehen. Das war echt ein Schock, denn ich wollte ja schließlich perfekt sein und meine Fähigkeiten dem sensationellen Arbeitgeber zur Verfügung stellen. Aber all das Heulen und die Wut und Enttäuschung nach dem Gespräch nutzten mir ja nichts, schließlich wollte ich die Probezeit bestehen. Da dachte ich mir, ich hätte drei Möglichkeiten:

- *entweder ich bleibe stur, verhalte mich wie bisher auch und überstehe eventuell die Probezeit nicht – schlechte Alternative, denn ich mochte meinen Job wirklich;*
- *oder ich sage gar nichts mehr und hoffe, durch Nichtauffallen die Probezeit zu überstehen – schlechte Alternative, da man alleine meiner Mimik ablesen kann, was ich denke und ich kann in bestimmten Fällen einfach nicht meine Klappe halten;*
- *oder ich lernte schauspielern und meinen Chef zu führen und ihm das gute Gefühl zu geben, toll zu sein.*

Ich entschied mich für die dritte Variante. Das liest sich heute so leicht, war aber wirklich harte Arbeit und ich hatte trotzdem regelmäßig Angst, ich würde die Probezeit nicht schaffen, weil mein Chef ja nie wieder mit mir darüber sprach. Ich schaffte das angepasste Verhalten durch Unterstützung einer sehr tollen Kollegin (eine Superfrau!). Gemeinsam entwickelten wir tolle Strategien und Verhaltensweisen für das Führen von unten. Dabei hatten wir einen Heidenspaß, ich überstand nicht nur die Probezeit. Ich wurde auch eine sehr geschätzte Mitarbeiterin. Mein Chef hatte stets das Gefühl, dass er die Entscheidungen trifft und ich nie an seinem Stuhl sägen würde und ich bekam tolle Projekte und enorm viele Freiheiten in meinem Tun. Um den harten Weg zu vermeiden, empfehle ich Ihnen somit, gerade zu Beginn einer Tätigkeit viel zu fragen. Nicht nur Inhalte, sondern vor allem Prozesse, Abläufe oder eben Rituale in Besprechungen oder bei Präsentationen beim Oberboss sind echte Stolperfallen und Sie machen sich wie ich schnell das Leben schwer damit. Hätte ich zu Beginn viel mehr gefragt und ein wenig devoter getan und meinem direkten Chef regelmäßig das Gefühl gegeben, dass er die Entscheidungen trifft, dann hätte ich mir Tränen und Energie sparen können.

Wer fragt, der generiert nicht nur Wissen, sondern führt in der Tat, meist ohne dass Ihr Gegenüber dies bemerkt. Das heißt auch wenn Sie im Büro sind und wenn Sie Projekte oder Sitzungen leiten kommen Sie durch Fragen weiter voran als durch Feststellungen. So können Dinge eingefordert, die Arbeitsplanung fortlaufend verbessert oder auch ein Match gewonnen werden. Stellen Sie auch regelmäßig Grundsatzfragen und stellen ein Thema in einen Gesamtzusammenhang! Damit generieren Sie Zustimmung für das große Ganze und verhindern, dass Mann sich im kleinklein verliert oder vergisst, worum es eigentlich in Summe geht.

Nun werden Sie fragen, wie ich die Entscheidungen meines Chefs bekam, die ich wollte.

Ausgangspunkt war bei mir die Tatsache, dass ich Tag und Nacht arbeitete, abwog, welcher Weg oder welche Entscheidung für die Sache die Beste ist. Ich sammelte Argumente für und gegen die verschiedenen Entscheidungsoptionen, um Chef die beste Lösung zu präsentieren. Als ich dann dem Chef das Konzept und die möglichen Entscheidungsmöglichkeiten präsentierte – mit der klaren Argumentation für den präferierten Weg - wunderte ich mich. Denn er entschied sich in der Regel nicht für meinen Vorschlag, sondern nahm einen anderen Weg. Alle Arbeit umsonst, Ergebnis Schwachsinn, aber Ober sticht Unter.

Sie haben keine Chance, Chefs Entscheidung nochmal zur Disposition zu stellen und müssen die Second- oder Third-Best-Lösung umsetzen ob Sie wollen oder nicht. Neben dem Erlebnis in der Probezeit habe ich mich gefragt, ob ich bei den Argumenten für meinen Lösungsvorschlag etwas vergessen habe? Ist die Entscheidung von ihm doch die Bessere? Habe ich falsch argumentiert? Habe ich fachlich etwas vergessen? Mittlerweile weiß ich: Nein, habe ich nicht.

Einzige Tatsache ist gewesen, dass Chef Chef sein und das demonstrieren wollte. Chef will eine eigene Entscheidung treffen und nicht Ihre nachkauen und Ihnen damit das Gefühl geben, Sie seien eine Superfrau. Was tun? Ich hatte keine Lust, ständig dämliche Entscheidungen umzusetzen. Ich wollte die aus meiner Sicht beste Lösung umsetzen (die ja auch noch die First-Best-Lösung war!). Ich beobachtete also die männlichen Kollegen um mich herum und stellte fest, dass sie ihrem Chef erst auf mehrfache Nachfrage einige Lösungen vorschlugen. Und das ohne auch nur ein einziges Mal eine eigene Präferenz zu äußern. Heute weiß ich, dass sie ihrem Alphatier nicht in die Quere kommen wollten. Ich habe diese Verhaltensweisen ausprobiert und kam damit schon etwas weiter.

Viel erfolgreicher ist aber die Methode, die aus meiner Sicht beste Lösung erst als letzte von mehreren Optionen und dann erst ihre Nachteile und ganz am Schluss ihren Nutzen vorzustellen. Ganz wichtig dabei ist aber, Chef überhaupt nicht das Gefühl zu geben, ich hätte eine Präferenz. Er muss das Gefühl haben, er entscheidet. Ich wette mit Ihnen, er wird früher oder später auf Ihre Lösung kommen und das Schöne: Chef hat das Gefühl, er sei der Chef, er hätte sorgsam abgewogen und er hätte die Entscheidungsgewalt ausgeübt. Diese Form von Chefs sind meist Grützgurken oder eben Kleine Männer und damit sind wir aus ihrer Sicht nur Zuarbeiter.

Ich hatte leider noch nie einen souveränen tollen Chef, der seine Mitarbeiter fördert, ihnen vertraut und ihnen zuhört und somit auch

Entscheidungsvorschlägen traut. Und so blieb mir dann immer nur, nach den Gesprächen mit eben diesem Chef zusammen mit meiner Superfrau-Kollegin zu lachen. Wir konnten uns über den Sieg zu freuen, denn wir wussten ja, was wir da tun und haben vorher die Strategien und Argumente ausgetauscht. Was gibt es Besseres in dem Optionenfeld, das ich hatte?

Diese Form der Wölfin im Schafspelz war eine Win-Win-Situation für alle Beteiligten.

Unglaublich viele Arbeitnehmer leiden unter cholerischen, wütenden und aufbrausenden Vorgesetzten. Die Krankenquote aufgrund von Führungsfehlern steigt nicht ohne Grund. Ein nicht unwesentlicher Teil an Managern ist falsch am Platz. Das heißt, sie dürften keine Verantwortung für Menschen tragen. Studien zeigen, dass nicht wenige Führungskräfte in Deutschland schlechter Durchschnitt sind und vor allem an der Position sitzen, weil sie aufgrund ihrer fehlenden Fähigkeiten dem Vorgesetzten nicht gefährlich sind und nicht an seinem Stuhl sägen.

Vielen fehlt die Ausbildung, viel zu wenig wird für Schulungen in Führungsfähigkeiten investiert, zu oft werden derartige Weiterbildungen als überflüssiger Schnick Schnack angesehen. Dramatisch, wenn man bedenkt, dass die Folge Krankheiten von Mitarbeitern sind und häufig eine innere Kündigung von Arbeitnehmern nach sich zieht. Und das in einem Land, das von seinen klugen Köpfen lebt. Sträflich, wenn man bedenkt, was für Potenziale und Möglichkeiten den Unternehmen damit verloren gehen, dass sie die Fähigkeiten ihrer Mitarbeiter nicht vollumfänglich nutzen, sondern Engagement und Motivation reduzieren.

Ich dachte lange Zeit, ich müsste perfekt in meinem Job sein. Perfekt hieß für mich, keine menschliche Regung - egal ob Wut und Ärger oder Spaß und Freude geschweige denn Mitgefühl - zu zeigen. Meine Devise war es lange Zeit, immer freundlich und sachlich zu sein, egal wie mein Gegenüber tobt oder nervt oder ob ein Mitarbeiter zur Räson gebracht werden muss oder einfach nur Aufgaben und Zeitpläne zu verteilen waren.

Irgendwann bekam ich dann Magenschmerzen und habe genauer hingeschaut, wie meine Kollegen sich verhalten. Einige waren Meister des Schauspiels, trugen derart sichtbar die Maske des Emotionslosen, so dass ich nur noch Hüllen aber keine Menschen gesehen habe. Das hat mich erschreckt. Und dann ist daheim all der Frust, Wut und Enttäuschung - auch über mich selbst - aus mir herausgeplatzt. Irgendwo musste ich hin mit meinen Emotionen, irgendwo musste der Mensch herausgelassen werden wie Aladin aus der Wunderlampe. Ich wollte keine Hülle werden.

Und Sie mögen über mich lachen, aber erst da kam so nach und nach die Erkenntnis: Du bist gut in Deinem Job und tust Dein Bestes, einen fairen, konstruktiven Führungsstil zu leben, aber Du bist ein Mensch und kein Roboter. Menschen haben Emotionen, die nicht nur im stillen Kämmerlein daheim herauskommen dürfen und müssen. Als ich dann auch noch hörte, dass diverse Menschen aller Hierarchieebenen um mich herum, Angst vor mir hatten, war es vorbei mit der vermeintlichen Perfektion. Ich begann Mensch zu werden. Das heißt aber eben nicht, dass ich abgeschaut habe, wie cholerische Anfälle aussehen oder dass ich auf einmal der Supersoftie wurde, der Verständnis für Jedermann hatte.

Menschlich im Job sein heißt für mich vor allem nach wie vor sachlich zu sein. Mittlerweile heißt es für mich eben auch, hinzuschauen und mit Ich-Botschaften zu erklären, warum ich etwas fordere oder warum ich wütend bin. Es heißt auch, Mitgefühl zu zeigen, auch wenn eine Botschaft ausgesprochen werden muss. Die Kombination: wütend sein oder fröhlich sein plus erklären, warum ich wütend oder fröhlich oder mitfühlend bin, hat mich sehr gestärkt und erleichtert. Ich kam mir eben nicht vor wie die maskierte Hülle oder die Maschine im Menschenkostüm. Und wie gut tat es, eben auch mal die Stimme zu erheben und ein wenig lauter zu sagen: Lieber Mitarbeiter, so geht das nicht! Oder in Sitzungen, in denen Mann mir und meinen Kollegen in epischer Breite und am Thema vorbei argumentierend eine Entscheidung aufdrängen wollte, mit den Augen zu rollen, musste eben auch mal sein.

Dabei mag ich es nach wie vor nicht, für dumm verkauft zu werden und zum Beispiel mit unvollständigen Informationen oder nicht beantworteten Fragen und immer wieder mit der gleichen Leier beginnend zu einer Entscheidung gedrängt oder von Fehlern abgelenkt zu werden. Da bin ich dann aber mittlerweile auch direkt unartig und frage laut und mit merklichem Unmut: „Entschuldigung, aber Sie wiederholen sich und beantworten die Frage nicht, wir sind hier nicht doof und benötigen diese Informationen, um eine Entscheidung zu treffen. Wenn Sie diese nicht haben, dann vertagen wir das Thema. Ich bin sehr enttäuscht von diesem Vorgehen und erwarte hier Verbesserungen zum nächsten Mal." Punkt. Ende. Ja, da zeige ich meine Wut oder meinen Unmut mit meiner Körpersprache und Wortwahl, aber ohne cholerisch oder jähzornig oder auch nachtragend zu sein.

Auch wenn Sie jetzt sagen mögen, das sei aber unprofessionell. Das mag für viele Situationen zutreffen, aber manchmal muss Gefühl eben auch ausgesprochen und zugelassen werden. Und da ich mir selbst am Nächsten bin verzichte ich gerne auf ein Magengeschwür, auch wenn ich dafür einem Dritten gegenüber unangenehm sein muss und mich selbst wert schätze. Zur Wertschätzung gehört auch das Auf-sich-Achtgeben, wofür die fünf Empfehlungen Anregungen geben möchten.

- *Achten Sie darauf, mindestens 2 Abende in der Woche vor 20 Uhr das Büro zu verlassen.*

- *Nehmen Sie jedes Jahr Ihre 30 Tage Urlaub (wenn doch sonst schon Überstunden Vertrauensarbeitszeit sind).*
- *Sorgen Sie dafür, dass Sie während Ihres Urlaubs eine Urlaubsvertretung haben (sonst arbeiten Sie im Urlaub und davor und danach wie eine Irre).*
- *Arbeiten Sie niemals am Wochenende sondern optimieren Ihren Arbeitsalltag fortlaufend.*
- *Machen Sie mindestens 2 Mal die Woche Sport oder Musik.*

Grenzen Sie sich ab!

Haben Sie sich schon einmal Gedanken darüber gemacht, warum Sie dort sind, wo Sie arbeiten und was Sie selbst gestalten können? Sind Sie vielleicht der Ansicht – so wie ich es lange Zeit war – dass Sie immer professionell sein sollten - unabhängig davon, wie sich ihre Kollegen und Vorgesetzten verhalten? Vielleicht haben Sie ja Glück und Ihre Kollegen wie auch die Vorgesetzten sind immer professionell, arbeiten sachlich und ergebnisorientiert, trinken nie zu viel, versuchen nicht mit Ihnen zu flirten oder Sie zu einer Affäre zu überreden und laden eben keine Zusatzarbeit bei Ihnen ab, um sich dann damit zu brüsten. Wenn Sie dieses unbeschreibliche Glück haben, gratuliere ich Ihnen und Sie brauchen nicht weiter zu lesen.

Wenn Sie aber Kollegen oder Vorgesetzte haben, die eben doch anders sind, ihre Schwächen im Job ausleben und Sie damit nerven, ärgern oder gar belästigen, dann ist dieser Abschnitt wahrscheinlich nicht ganz das, was Sie zu lesen erhoffen. Denn es ist in den seltensten Fällen möglich, ein offenes Ohr zu finden und dem sich fehlverhaltenden Chef oder Kollegen deutlich sagen zu können, dass Ihnen das Verhalten missfällt und er es bitte ab sofort unterlässt. Noch seltener ist es, dass der Angesprochene eben diese Bitte kritikfähig aufnimmt und ab sofort beherzigt. Sie können also in den seltensten Fällen ihr berufliches Umfeld so verändern, dass es Ihren Ansprüchen entspricht. Sie können nur Ihr Verhalten und Ihre Einstellungen und Erwartungen verändern oder wenn es ganz arg und für Sie inakzeptabel ist, kann ich nur raten: Love it , Change it or Leave it. Häufig bleibt nur die letzte Option.

Um herauszufinden, was Sie möchten und was Ihnen wichtig ist, empfehle ich, dass Sie sich ganz offen und ehrlich drei Fragen beantworten:

1. *Was stört mich konkret an dem Verhalten meines Vorgesetzten/Kollegen?*
2. *Wie stark stört mich das Verhalten auf einer Skala von 1 (wenig) bis 10 (sehr belastend)?*
3. *Kann ich etwas tun, um das Verhalten positiv zu beeinflussen:*
   a. wenn ja: was, wann und in welcher Form?
   b. wenn nein: kann ich meine Einstellung ändern und das Verhalten tolerieren, ohne dass es mich belastet?
   Oder: ist das Verhalten derart belastend für mich, dass es mir Motivation und Nerven raubt?

Wenn Letzteres der Fall ist, sollten Sie sich nach einer neuen Stelle umschauen, wenn Ihnen Ihre Gesundheit und Ihre Lebensqualität wichtig sind.

Verstoßen Sie gegen Spielregeln!

Zeit ist kostbar. Unsere Zeit erst recht, denn es ist unser Leben, unsere Lebenszeit. Und die möchten wir schließlich sinnvoll verbringen. Okay, auch eine tolle Frau ist regelmäßig fremdbestimmt und muss Dinge tun, die echte Zeitverschwendung sind (z.B. Steuererklärung, Auto in die Waschanlage fahren). Aber da wo ich mitbestimmen kann, wie meine Zeit ver(sch)wendet wird, tue ich das auch gerne und nehme mir das Recht dazu.

Und da kommt die Spezies Quatschtüte ins Spiel. Quatschtüten sind dann sehr anregend, wenn Frau sie im Privatleben genießen darf. Es gibt leider aber auch anstrengende Business-Quatschtüten. Und im Job sind die echt anstrengende Zeitvampire. Denn Job-Quatschtüten gehen nicht nur unvorbereitet in Meetings. Sie erarbeiten sich ein Thema erst, indem sie reden und versuchen, Fragen zu beantworten, die sie sich selber gerade erst beim Reden stellen. Und dann fangen sie bei Pontius und Pilatus an, vergessen zwischendrin das eigentliche Thema, wechseln zu neuen Themen, wandern wortreich über Dünen, in Wälder, durchqueren Länder und überqueren Meere und Kontinente. Einen roten Faden suchen Sie vergeblich. Wenn Sie Glück haben, findet die Business-Quatschtüte irgendwann einen Punkt. Er muss Luft holen und gibt weder ein Ergebnis preis noch hat er die Ausgangsfrage tatsächlich am Ende beantwortet.

Diese Art von anstrengenden Quatschtüten erkennen Sie ganz einfach. Hören Sie dem Herrn fünf Sätze lang zu und prüfen dann, wie nah er noch am Thema ist. Stellen Sie dann eine Zwischenfrage, die ihn wieder auf das Kernthema und die eigentliche Ausgangsfrage zurückholen soll. Dann warten Sie wieder drei Sätze und stellen wieder eine Frage, wenn er nicht zum Punkt kommt. Dann warten Sie genau einen Satz und stellen dann eine geschlossene Ergebnisfrage, die er eigentlich nur mit

Ja oder Nein beantworten können müsste. Tut er aber leider nicht. Er holt aus als hätte er Sie gar nicht gehört. Bleiben Sie hier hartnäckig und geben nicht auf bitte! Warten Sie wieder einen Satz und stellen die Ja-Nein-Frage noch einmal mit der rhetorischen Ergänzung: ja oder nein? Das wiederholen Sie dann so lange, bis Sie entweder die Frage selbst beantworten oder er dann doch ein Ja oder ein Nein ausgesprochen hat.

Sie mögen jetzt einwenden, dass es unhöflich ist, andere zu unterbrechen. Da mögen Sie Recht haben. So wurde ich auch erzogen und im Grundsatz äußern wir damit unserem Gegenüber Respekt. Doch wenn mir ein Zeitvampir meine Zeit stiehlt, weil er sich entweder nicht vorbereitet hat oder viel redet ohne etwas zu sagen, dann vergesse ich meine gute Erziehung. Dann denke ich an meine Lebensqualität und die verfügbare Lebenszeit, die ich eben nur wenn es sein muss mit Zeitvampiren verbringen möchte. Also habe ich mir irgendwann gesagt: ich habe die Wahl.

Erste Option: ich bin höflich und lasse mich zuquatschen. Dann leert sich weder mein Schreibtisch noch bekomme ich eine Lösung für das Thema des Gespräches noch habe ich Freude an dem Gespräch. Im Gegenteil dann wird meine Lebenszeit verschwendet und ich werde genervt. Außerdem finde ich es unhöflich, dass sich jemand erdreistet, mir meine Zeit zu stehlen und meine Nerven zu strapazieren.

Also bleibt die zweite Option, indem ich vermeintlich unhöflich bin und natürlich Spielregeln breche. Ich unterbreche durch Fragen und führe ein zeiteffizientes Gespräch. Dann bleibt meist sogar noch Zeit für die ToDos auf meinem Schreibtisch und die Zufriedenheit über Ergebnisse sowie natürlich eine Belohnung für den Tag.

Ich habe mich für dieses Verhalten bewusst entschieden, auch wenn sich die Quatschtüte mit ersterer Option besser fühlen würde. Aber das ist nicht mein Problem sondern Seines. Ich bin nicht Therapeutin sondern Kollegin oder Vorgesetzte und damit habe ich das Recht – wenn nicht gar die Pflicht - auf mein Wohlbefinden zu achten. Schwierig ist es natürlich, wenn Ihr Vorgesetzter eine Quatschtüte ist. Das müssen Sie dann entweder ertragen oder Sie können durch zarteres Fragen versuchen, wenigstens ein wenig abzukürzen und so noch ein wenig Lebenszeit zu gewinnen.

Beim Coaching und Schulungen rund um Managementfähigkeiten lernen wir, nicht wir zu sein. Je besser wir schauspielern können, desto eher kommen wir im Assessment Center weiter und werden von meist mittelmäßigen Vorgesetzten eingeschätzt. Ich erwähnte ja bereits, dass ich einmal fast rausgeflogen wäre, weil mein Chef mir vorwarf, zu stark zu sein. Da mir der Job wichtig war, habe ich mich also angepasst und nach den Regeln der Kunst geschauspielert.

Ich bin ein eher rebellischer, direkter und undiplomatischer Mensch. Diplomatie geht mit mir nur bis zu einem gewissen Grad, dann mag ich nicht mehr schauspielern. So war es bei der Grützgurke, die wir wegen Mangelleistungen degradieren mussten. Als wir – drei Frauen und ein Mann - ein Acht-Augen-Gespräch zur neuen Aufgabenverteilung und neuem Verantwortungszuschnitt hatten, haben wir Frauen wirklich versucht, zart und diplomatisch zu sein. Nach den Regeln der Theorie erklärten wir dem Herrn, dass er einen Teil seiner Macht abgeben musste, weil er Fehler gemacht und Macht missbraucht hatte. Mit Engelszungen haben wir erklärt, dass er keinen guten Job macht.

Es war als reden wir gegen eine Wand, auch nach Stunden hat er nichts verstanden. Irgendwann platzte mir der Kragen und ich sagte sehr deutlich, dass wir kein Vertrauen in seine Arbeit hätten, er dem Haus schadet und wir ihn daher degradieren müssen.

Die eigentliche Straftat haben aber eigentlich diejenigen begangen, die ihn überhaupt zum Geschäftsführer mit so viel Macht und Verantwortung gemacht haben. Das war nämlich eine Fehlbesetzung par excellence, aber Sie können sich vorstellen, dass diese Herren bei mir anriefen, um die Degradierung zu verhindern. Ein sehr deutliches Zeichen, dass es in dem Fall um Männer-Proporz ging und nicht um fachliche und personelle Fähigkeiten.

Natürlich hätten wir auch noch drei Stunden behutsam auf den Geschäftsführer einreden können, was aber an Körperverletzung bei uns Frauen gegrenzt und uns unsere Lebenszeit geraubt hätte. Also war ich sehr unartig mit meiner Direktheit und den klaren Worten, die dem Herrn aus seiner Sicht das Gesicht raubten. Aber jede weitere Diplomatie hätte der Gute verstanden als „ist doch gar nicht so schlimm" und die Zeitverzögerungen bei der Umstrukturierung des Hauses wären noch viel größer wegen seiner Blockaden, Fehler und Unfähigkeiten geworden.

Ein anderes Mal war ich bei einer Kooperation mit einem anderen Unternehmen sehr unartig. Das Unternehmen hat es sich einfach gemacht und einen Vorschlag erarbeitet, der meinem Arbeitgeber gar nicht gefiel. Um Verbesserungen einzuleiten, habe ich zunächst meine Mitarbeiter vorgeschickt. Sie kommunizierten die Kritik an dem Vorschlag und unsere Interessen, die sich darin wiederfinden sollten. Dies taten sie per Mail und per Telefon. Doch das Partnerunternehmen hatte Begriffe wie „inakzeptabel" oder „geht gar nicht" oder „tragen wir nicht mit" nicht recht ernst genommen. Als dann an einem Freitagvormittag der Vorschlag kam, der Montag der Presse vorgestellt werden sollte, waren wir entsetzt.

Zunächst habe ich mich noch bei meinem Chef vergewissert, dass wir bei unserer ablehnenden Haltung bleiben. Dem Partnerunternehmen habe ich dann mitgeteilt, dass wir den Vorschlag ablehnen. Es sei nicht mein Problem, dass sie nicht abgestimmte Texte in die Welt setzen und uns mit dem fixen Pressetermin zur Freigabe erpressen wollen. Freitagabend klingelte dann mein Handy heiß. Mann wollte mich überreden, dass doch alles gar nicht so schlimm sei und doch nun dieser Pressetermin im Raum stünde. Ich lehnte ab mit sehr deutlichen Worten.

Am Wochenende eskalierte das Thema bis zu den Oberchefs, die interessanterweise allesamt den Vorschlag ablehnten. Ich habe also Unsinn im Sinne meines Arbeitgebers gestoppt. Aber glauben Sie nicht, dass ich dafür Lorbeeren geerntet hätte, weil ich mich derart unbeliebt gemacht habe, weil ich so unnachgiebig war. Nein, mein Chef nutzte die Gelegenheit, um mich mal wieder nieder zu machen – obwohl ich vorher mit ihm das Vorgehen abgesprochen hatte.

Er wollte mir und meinen Kollegen weißmachen, dass ich viele Menschen unter der Gürtellinie getroffen hätte und diese nun schlecht über mich reden würden. Der Einzige aber, der dieses Gerücht streute, war er selbst. Das habe ich recherchiert. Denn natürlich war ich einmal mehr so dumm zu meinen, ich hätte etwas Falsches getan, statt auf mich zu vertrauen und dem Kleinen-Mann zu misstrauen und mich direkt gegen seine bösen Worte zu wehren. Stattdessen sagen viele über mich, dass mit mir ja nicht so leicht Kirschenessen sei und ich durchaus Haare auf den Zähnen haben könnte. Mit dieser Art, mich gegen die Spielregeln zu wenden aber für die Sache zu agieren, lebe ich gerne.

Auch dieses Erlebnis stärkte mich darin, dass ich mich nicht mehr für unteres Mittelmaß oder kleine Männer, die Chef spielen, verbiege. Das mag eine Herausforderung für die Zukunft sein, weil nur wenige Herren die Souveränität besitzen, eine starke Frau zu befördern und ihre Fähigkeiten zu nutzen. Ich bin aber fest davon überzeugt, dass es diese echten Führungspersönlichkeiten gibt und diese dann auch erkennen, welchen Mehrwert sie für ihren Machtbereich und ihre Institution bekommen, wenn sie das Potenzial nutzen. Denn unflätig oder unter der Gürtellinie war ich nie.

Ich möchte Sie auch ermutigen. Genießen Sie es, direkt, deutlich, voller Power, authentisch, frech, souverän, intelligent, humorvoll, groß, aufgeweckt, glücklich, energievoll, lustig, liebevoll und liebend, entscheidungsfreudig, durchsetzungsstark, bewegend, beweglich, selbst-bewusst zu sein. Bleiben Sie sich treu, auch wenn Sie damit gegen vermeintliche Spielregeln verstoßen.

Denn sie wissen nicht, was sie tun – Sie schon!

Nun unterstreiche ich bestehende Vorurteile, ich nenne sie ja mittlerweile Erfahrungswerte. Ein nicht unwesentlicher Teil der Spezies Mann in unseren Breitengraden vermeidet es, über sich schonungslos nachzudenken. Der innere Kritiker scheint für nicht wenige Herren ein fremdes Wesen zu sein. Ist ja auch viel praktischer solch ein Leben ohne Selbstkritik und mit einem famosen Selbstbild. In meinem bisherigen Berufsleben sind mir viele Herren aller Altersklassen begegnet, deren Selbstbild um Meilen von ihrem Fremdbild entfernt war. In der Regel meinte Mann, dass er einen tollen Job mache, unerlässlich für den Erfolg seines Arbeitgebers sei und seine Vorgesetzten ohne ihn eine Null seien.

Ich habe es erfolglos versucht, den einen oder anderen Herrn davon zu überzeugen, vielleicht doch mal genauer, ehrlicher hin zu schauen. Und natürlich ist das auch ein Tabuthema bei den Geschäftsbeziehungen, die distanziert sind. Da Sie also Ihr Gegenüber in der Regel nicht einfach darauf ansprechen können, warum er denn meint, er sei so toll und Sie einen Mitarbeiter ja auch nicht erziehen können und wollen, hilft nur wieder Eines:

Lassen Sie sich darauf ein, schauen genau hin und nutzen das Ego wie auch das Selbstbild der Herren zu Ihrem Vorteil. Und haben Sie vor allem Spaß daran. Mann agiert im Job meist wie im Rudel, die Hackordnung wird regelmäßig auf den Prüfstand gestellt und neu justiert, es geht wenig um die Sache, sondern vielmehr um die Position. Und selbst beim Smalltalk auf Veranstaltungen geht es viel um Selbstdarstellung und das Abchecken, auf welcher Ebene Sie und die Umstehenden stehen. Denn die Frage, wen die Teilnehmer auf einer Veranstaltung kennen, mit wem sie sich unterhalten und mit wem sie neue Beziehungen auf- und so das Netzwerk ausbauen können, ist ja ebenfalls sehr relevant für Mann wie auch für das berufliche Fortkommen und somit auch für Frau.

Lassen Sie es einfach zu, das Spiel des Rudelkampfes und fokussieren Sie genau Körpersprache und Ausdrucksweise Ihrer Gesprächspartner. Genießen Sie das Spiel und spielen nach dem Gemisch aus Ihren eigenen Regeln und denen der Herren, ohne deren Anwendung Sie leider nicht verstanden geschweige denn akzeptiert werden. Auch hier hilft es nach meiner Erfahrung der Intuition zu folgen, wenn wir austesten, mit welchem Mix aus Frau- und Männer-Regeln ich mich am wohlsten und am authentischsten fühle. Stellen Sie gezielt Fragen und machen sachbezogene Komplimente und seien Sie neugierig. So können Sie lernen und am menschlichen Wesen üben, was Ihnen gut tut und wie Sie vorankommen, egal ob mit dem Netzwerk, dem Klappern oder einem Thema. Wenn Sie das Gefühl haben, dass Mann sich wohl und sicher fühlt, dann tragen Sie Ihr Anliegen, Ihr Thema, Ihre Vorstellungen vor und ich wette mit Ihnen, dass Sie in einem Großteil der Fälle Unterstützung oder Anerkennung bekommen.

Regen Sie sich nicht über männliche Verhalten und Imponiergehabe auf, das kostet nur Energie. Im Gegenteil nutzen Sie die Energie, die Mann freiwillig von sich preisgibt für sich und für Ihr Anliegen. Schärfen Sie Ihr Netzwerk oder holen sich einen Rat von einem Kompetenzträger. Überlegen Sie sich, wie Sie dieses Verhalten zu Ihrem Vorteil nutzen können – ohne natürlich auszunutzen oder unverschämt zu sein. Und achten Sie darauf, dass Sie sich wohl fühlen. Ich stelle mir zum Beispiel immer ein possierliches Tier vor, wenn das Imponiergehabe und das Brustkorb aufblähen dann doch etwas zu übertrieben werden. Dann lache ich innerlich, ohne den Herrn auszulachen, und Lachen tut gut.

Es soll ja Menschen geben, die sich wenig mit sich selbst und ihrer Wirkung auf andere beschäftigen. Nicht wenige Männer meinen, dass sie Superhelden im Job sind. Warum, das bleibt uns Frauen sehr oft unverständlich. Nun sind Schwätzer und kleine Männer noch zu behandeln. Eines ist aber noch näher zu beleuchten. Auch wenn Sie jetzt sagen, „nein, das passiert niemals in meinem beruflichen Umfeld", haben Sie hier wenigstens etwas zu lachen.

Es soll Vorgesetzte und Kollegen geben, die eben nicht so ganz dem Wunsch und eben auch ihrem Selbstbild entsprechen. Sei es, dass sie nicht sonderlich kompetent, viel zu schwätzend, enorm cholerisch oder faul sind. Richtig lustig wird es aber, wenn Mann auf der Jagd nach einem Abenteuer ist, wenn also zum Beispiel der Prokurist seine Sekretärin zum Paar-Eisbecher einlädt. Und wenn sich dann die Sekretärin geschmeichelt fühlt, etwas zu laut lacht und mit vielsagendem Blick den Eisbecher mit ihm löffelt.

Sie und ich mögen dies als lächerlich oder armselig bezeichnen, wenn dadurch aber die Arbeitsleistungen von Prokurist und Sekretärin beeinträchtigt werden, ist das auch für Sie nicht mehr akzeptabel. Krass ist auch die fehlende Selbstkritik des Prokuristen, der nicht sieht, dass er seine Position und auch noch die Führungsverantwortung gegenüber seiner Sekretärin ausnutzt. Richtig lustig kann das Büroleben dann werden, wenn die beiden in der Balzphase sind und meinen, Kollegen und Vorgesetzte merken nichts davon. Wenn dann aber wer auch immer die Sekretärin im letzten Balzdrittel (also kurz vor Beginn einer Affäre) darauf hinweist, dass eine solche Büroaffäre vielleicht doch keine so gute Idee ist und dann nicht nur ihre Kollegen und Vorgesetzten, sondern auch noch den Prokuristen für dumm verkauft, wird es richtig lustig.

Weiterspielen lässt sich diese Schmierenkomödie, wenn dann der Prokurist, der ja dem Selbstbild des Superhelden folgt, auf zickig macht und seine verletzte männliche Eitelkeit wie ein riesengroßes Arschloch durch Schikane der Sekretärin, Drohungen und andere Formen des Mobbings auslebt. Ja, die beiden wären arm dran und die Arbeitsleistung einer ganzen Abteilung schnell absinkend. Sie fühlen sich dann wie im Kindergarten. Wie sich die Abteilung dann davon wieder erholen soll, wird eine echte Herausforderung für alle Mitglieder der Abteilung. Lassen Sie uns hoffen, dass solche Geschichten nicht im echten Büroleben passieren und wenn, dass dann die Sekretärin den Mumm hätte, den Prokuristen wegen Mobbings anzuzeigen, sein Verhalten geahndet werde und die Sekretärin eine Lektion fürs Leben erhalten würde.

Was aber, wenn der Chef sich ähnlich verhält und auf die Jagd nach Liebschaften geht? Sozusagen als Vorbildfunktion? Dann würden alle Mitarbeiter mehr oder minder an der Jagd beteiligt werden. Sei es als Beobachter, als Eingeweihter, als offenes Ohr für Erfolge (Misserfolge werden schließlich nicht kommuniziert oder wenn dann als Erfolg umgepolt) oder als Gejagte oder als Prellball für Misserfolge. Dann würde der gesamte Wirkungskreis des Chefs hinein katapultiert in die Jagd – ob die Belegschaft will oder nicht. Nun wollen wir hoffen, dass Vorgesetzte entweder nicht in der Arbeitswelt jagen oder so jagen, dass sie ihr Führungsverhalten nicht ändern, nur weil eine Jagd (nicht) erfolgreich war. Jedem sei ja Liebe gegönnt, solange sich diese nicht auf die Arbeit und das Führungsverhalten auswirkt.

Was aber, wenn dem nicht so ist? Was ist, wenn ein selbstverliebter Jäger in der Chefetage Erfolg wie Misserfolg an seinen Mitarbeitern auslässt? Sie und ich sind uns bestimmt einig, dass das unprofessionell ist und bestimmt nur sehr selten vorkommt. Aber was ist wenn? Sie können dem Chef doch nicht sagen: „hören Sie auf zu jagen!" Sie können höchstens erfreut sein, nicht Zielscheibe zu sein. Und was können Sie tun, wenn das Verhalten des Vorgesetzten negative Auswirkungen auf Ihre Arbeit hat? Sie können Vogel Strauß spielen, das Ganze ignorieren und großzügig mütterlich mit den Allüren des Chefs umgehen. Wenn Sie aber im Kreuzfeuer seiner Jagd und ihrer Resultate stehen, können Sie ihn entweder wegen Mobbings anzeigen oder es ertragen oder noch mehr negatives Verhalten reizen, wenn Sie ihn auffordern, Sie nicht zu schikanieren, anzugraben etc.

Wer macht das schon, zumal es dann entweder einen Karriereknick gibt und zumeist gibt es ja auch keine schriftlichen und eindeutigen Beweise für Mobbing oder unerwünschtes Angraben. Also können Sie am Ende nur sagen: dann gehe ich, um meiner Lifebalance willen und um meines Anspruchs an meinen Arbeitsplatz und Arbeitgebers willen.

Nur Sie selbst hätten dann die Wahl und müssten abwägen, wie groß der Wunsch und auch der Preis wären, bei ihrem Arbeitgeber unter gegebenen Umständen bleiben zu wollen. Wenn Sie den Anspruch haben, in einem professionellen Arbeitsumfeld zu agieren und ihren Vorgesetzten und Kollegen mit Respekt und Achtung zu begegnen, können nur Sie allein derartige Entscheidungen treffen. Der Chef wird vermutlich sein Verhalten nicht ändern, es sei denn, er findet ein neues Opfer und lässt davon ab, Sie zu belästigen oder zu mobben. Ich wünsche Ihnen, dass Sie nie in solche Situationen geraten und die Entscheidung treffen müssen: wie wertvoll bin ich mir und wie hoch ist der Preis für diesen Job?

Nehmen Sie den Herren die Angst vor Ihnen!

Nun ist es natürlich immer wieder eine Herausforderung, als kompetent und souverän wahrgenommen zu werden. Vor allem die älteren Herren mögen es gern, wenn er Sie fürsorglich als Tochter ansehen und auch so behandeln kann. Wer schmückt sich schließlich nicht gerne mit einer klugen, souveränen und attraktiven Tochter an seiner Seite. Das ist ja auch gar nicht böse gemeint, denn diese Rollenverteilung ist die, mit der viele Herren gut umgehen können, in die sie sich positiv hineinversetzen können. Und für Sie ist diese Rollenverteilung auch praktisch, da Sie ernster genommen werden als im Miteinander mit einem Kleine-Mann oder Energievampir.

Mit Souveränität und Charme können Sie menschlich bleiben und sich trotzdem laut und deutlich bemerkbar machen. Es ist gar nicht so leicht, ein menschliches Wesen unter vielen Unmenschen zu bleiben. Aber das sind Sie sich schuldig und wert, nicht wahr? Wesentlich ist vor allem, die Contenance gegenüber Mitarbeitern und Geschäftspartnern zu bewahren, wenn diese sich daneben benehmen, sei es weil sie Choleriker oder kleine Männer sind. Es kann aber auch gut sein, dass die Herren Angst vor Ihnen haben und total verunsichert sind, weil sie eben nicht nach den männlichen Spielregeln spielen.

Gelingt es Mann nicht, sich so zu arrangieren, stehen Sie vor einer neuen Herausforderung. Schließlich wollen Sie ja ernst genommen und wertgeschätzt werden. Die Herausforderung wird umso größer, je größer und attraktiver Sie sind, denn dann geraten Sie schnell in die Kategorie der unbekannten Wesen. Sie machen Angst, weil Sie für die Herren unplanbar und unberechenbar sind.

Da Ihre Intelligenz gut sichtbar ist, können sie Sie nur schwer in die Kategorie „hübscher Po“ stecken. Die Herren brauchen einen anderen

Weg, um Sie zu akzeptieren und gar in ihre Gruppe aufzunehmen oder sie weichen Ihnen aus, lassen Sie damit auch außen vor, eben weil sie Angst vor Ihnen haben. Daher kann es hilfreich sein, nicht zuletzt natürlich auch, um das Wahrnehmen Ihrer Kompetenz durch Dritte zu stärken, zwar immer wieder zu zeigen, dass Sie klug und intelligent sind und wirklich schnell denken können. Ab und an sollten Sie sich damit aber zurückhalten und sich eher auf das Socializing und die Umarmungsstrategie konzentrieren.

Zu diesen Erkenntnissen kam ich aber auch erst nach einiger Zeit. Ich naives Wesen dachte eine lange Zeit, ich mache meinen Job nicht gut genug, man hätte Kritik an meinem Wirken und meiner direkten Art. Eigentlich fiel mir da ein Stein vom Herzen, denn diese Ignoranzversuche und daraus resultierenden Zweifeln an meinen Fähigkeiten haben mich schon etwas irritiert. Als ich dann merkte, dass diverse Herren mich als völlig unberechenbar einschätzten oder überfordert waren, wenn sie Smalltalk mit mir halten mussten, habe ich das Zepter in die Hand genommen. Woher sollten sie auch wissen, wie Mann mit einer Frau auf Augenhöhe im Job umgeht, wenn sie das noch nie machen mussten? Ich fing also an, Ihnen die Angst zu nehmen und den Weg zu ebnen, mich als Mensch und als eine der Ihren anzusehen. Wie ich das gemacht habe? Nun, vor allem habe ich neben der Umarmungsstrategie ein wenig von mir Preis gegeben und das eine oder andere erklärt – zum Beispiel, warum ich mal wieder meine Stimme gegen einen Beschlussvorschlag erhoben habe. Ich habe viel gelacht und ein wenig kokettiert und war sehr charmant.

Ich habe den Herren, die ja in der Regel älter sind als Sie und ich, das Gefühl gegeben, dass sie aufgrund ihrer Erfahrung ja viel mehr Wissen und mir das ein oder andere sicher erklären könnten, ich habe den Aufschlag für einen guten Smalltalk gegeben und war großmütig freundlich im Umgang. Kurzum, ich habe alle Karten des zwischenmenschlichen Miteinanders genutzt, die mir zur Verfügung standen. Und ich habe nicht aufgegeben. Wenn auf einer Abendveranstaltung eine Gruppe von Herren dicht zusammenstand, bin ich mehr als nur einmal dorthin gegangen, habe mich zunächst dazu gestellt, zum Teil in die Runde gedrängelt und nach und nach das Wort erhoben und mich an den Gesprächen beteiligt, und sei es nur indem ich Fragen gestellt habe. Bei gesetzten Essen habe ich mir vorher schon ein oder zwei Herren ausgesucht. Das hieß natürlich auch, früh genug auf Veranstaltungen aufzutauchen, schließlich muss Mann dann auf Sie zur Begrüßung zugehen und kann sich (noch) nicht in der Menschenmenge verstecken. Dank ihrer Erziehung kamen viele Herren gar nicht umhin, mich zu begrüßen, Raum für Smalltalk zu geben und mit mir an den Tisch zu gehen.

Natürlich habe ich auch regelmäßig gefragt, ob wir denn zusammen dinieren und an welchem Tisch wir uns denn platzieren wollen. Ja, das kostet Überwindung. Schließlich ist Frau es dank ihres Elternhauses gewohnt, dass man sie an einen Tisch bittet oder höflich in eine Gruppe und ihr Gespräch einbindet. Der Berufsalltag, erst recht von Führungspersonen ist aber keine gute Kinderstube sondern ein Haifischbecken. Und schließlich wollen wir ja nicht das Futter sein. Also voran mit Mut, Witz und Gesprächsthemen im Gepäck – am Besten natürlich Fußball, Motorsport oder Weine, zur Not aber auch Netzwerkthemen oder Artikel aus dem Managermagazin oder dem Spiegel. Hinterlassen Sie dabei immer den Eindruck, dass sie auf Augenhöhe diskutieren und kommunizieren und nicht, als seien sie Fräulein Müller von nebenan. Sie sind ein Alphatier. Seien Sie stolz darauf und nutzen Ihre Fähigkeiten geschickt mit viel Intuition.

Geben Sie den Herren, die Sie als wichtig für Ihr berufliches Wirken erachten, das Gefühl, sie seien kompetent und klug, machen Sie das ein oder andere möglichst ehrlich gemeinte Kompliment oder stellen Fragen zu bestimmten Entscheidungen oder Lösungen, die der Herr herbeigeführt hat. Geben Sie vor allem den Älteren das Gefühl, dass Sie von ihnen etwas lernen wollen (und oft können Sie das auch). Durch die Art Ihrer Fragen, Ihre Form der Konversation, die Komplimente und natürlich dank Ihrer guten Erziehung werden Sie nicht nur den richtigen Ton treffen, sondern auch in der Achtung der Herren steigen. Auch damit wird beim nächsten Meeting das Machtspiel und das Durchsetzen von sachlichen Entscheidungen leichter. Erst recht, weil wir noch weit davon entfernt sind, die bestehenden Muster und Rituale dauerhaft und nachhaltig aufbrechen und neu gestalten zu können. Wir können uns aber dahin bewegen, dass wir unseren Beitrag für eine sachliche Form des Wirtschaftens, für das Wirken von Kompetenz und der Bedeutung von Ergebnisorientierung leisten. Gleichzeitig können wir einen für uns guten Weg finden, mit den Widrigkeiten der bestehenden Regeln und den Schwächen des Männersystems umzugehen.

Ich habe dabei immer wieder erlebt, dass Herren dank der Umarmungsstrategie ihre Angst vor meiner Größe, Intelligenz und meiner Scharfzüngigkeit überwunden haben und wir Geschäftspartner und gute Bekannte geworden sind. Voraussetzung war aber immer, dass ich morgens in den Spiegel schauen kann anstatt eine Maske zu tragen und dass die Herren keine Energievampire oder Kleine-Männer waren. Durch einen Mix an Charme, Interesse und königlichem Großmut konnte ich so manches Eis brechen und somit Win-Win-Beziehungen von Dauer herstellen.

Ja, das erfordert Übung und sicher auch eine kleine Portion Überwindung und Lebenserfahrung, wie ich in einem Gespräch mit einer Mitarbeiterin lernte. Sie war damals noch sehr jung, ich hielt sehr viel von ihr und war überrascht, dass sie in dem Gespräch den Wunsch äußerte, andere neue Themen bearbeiten zu wollen. Auf die Frage, warum sie denn die bisherigen Themen abgeben möchte, sagte sie nicht, dass die Aufgaben in Routine übergehen und sie langweilen. Das hätte ich ja gut nachvollziehen können. Sie aber führte das für mich überraschende Argument an, dass ihre männlichen Kollegen sie nicht richtig ernst nehmen würden, weil sie keine „Hardcorethemen" bearbeiten würde. Das hat mich fast umgehauen und ich habe ihr versucht deutlich zu machen, dass sie zum einen die echten Hardcorethemen bearbeiten würde und zum anderen die Jungs doch mit ihren Fähigkeiten in die Hosentasche stecken könnte. Ich bin sehr froh, dass ich sie davon überzeugen konnte, denn sie machte einen tollen Job und hat viel Potenzial – wenn sie denn ihre Geschlechterkomplexe ablegen und ihr Frausein auch für Ihre Karriere nutzen würde.

Seien Sie eine Wölfin im Schafspelz und unglaublich unartig!

Keine Sorge, unartig sein ist nicht zu verwechseln mit Grützgurke sein. Im Gegenteil! Während Grützgurken unseren beruflichen Alltag echt strapazieren, sind wir einfach nur mal schlecht gelaunte Superfrauen. Und jede Superfrau darf Mal (ich betone Mal) schlechte Laune haben. Nicht wegen PMS (denn das wäre ja berechenbar und unprofessionell), sondern weil Energievampire, Grützgurken oder Kleine-Männer unser Maß an Tagesenergie, Geduld, Großmut überschritten haben.

Mainstream und immer gleiche Laune sind genauso langweilig und total unnatürlich wie Perfektion. Es ist auch verdammt ungesund, Ärger runterzuschlucken und so zu tun, als wäre nichts gewesen. Also raus damit! Seien Sie Frau mit schlechter Laune mit der Selbstverständlichkeit einer Wölfin! Provozieren Sie eine Grützgurke oder einen Zeitvampir, der hat es verdient. Kritisieren Sie, maulen Sie herum. Natürlich immer oberhalb der Gürtellinie und mit einem unglaublich femininen Charme. Nur wer aneckt wird bemerkt und selbst von Grützgurken und Co respektiert. Wichtig ist aber, das sei nochmal betont, dass Sie das Unartigsein in Maßen und an der richtigen Stelle tun, also nicht Untergebenen oder dem Oberboss gegenüber!

Wenn Sie also ausgerechnet heute an Ihrem Unartigtag ein Gespräch mit Ihrem Chef oder einem anderen wichtigen Menschen haben, dann schlucken Sie doch die schlechte Laune lieber runter. Setzen Sie Ihre Profimaske auf und seien Profi mit dem nötigen Charme und Respekt. Wenn Ihnen dennoch was Blödes rausrutscht, dann sagen Sie einfach und vor allem sachlich: Sorry, aber ich habe gerade total doofe Sachen am Wickel. Punkt. Sachlich und ohne Interpretation oder gar Gejammer muss das raus. Und dann weiter im Text. Und dann verschieben Sie den Unartigtag einfach auf nächste Woche.

Wenn Sie aber mit Ihren grützgurkigen Kollegen oder einem unkündbaren Grützgurken-Mitarbeiter oder einer vergleichbar anstrengenden Spezies zusammensitzen und es eben nicht so vorangeht, wie es eigentlich besprochen war, die Lieben mal wieder ihr Hirn am Empfang abgegeben haben bzw. nur Sie, nicht aber die Anderen ihre ToDos erledigt haben, dann dürfen Sie aus dem Vollen schöpfen. Nicht beleidigend sondern sachlich mit der entsprechenden Mimik: lächelnd, schnippisch, empört, wölfisch. Nölen Sie und fragen Sie:

- *Warum ist da ein Problem?*
- *Warum ist das noch nicht erledigt?*
- *Wie ist der Status?*
- *Wer ist verantwortlich?*
- *Was ist die Lösung und wann wird das erledigt sein?*

Spätestens nach einer unbeantworteten fünften Frage dürfen Sie die Wölfin rauslassen. Mit einem freundlichen Lächeln und Engelsgesicht fragen Sie:

- *Ist das so schwer?*
- *Überfordert Sie das?*
- *Sollen wir die Verantwortung und Zuständigkeiten neu verteilen?*

Wetten, dass Schweigen oder Kopfschütteln eintritt! Und dann dürfen Sie den Raum verlassen mit den Worten: meine Zeit ist mir zu schade für diese Art von Besprechungen. Ich erwarte, dass Sie bis morgen alle Fragen beantwortet haben. Dann können wir uns wieder zusammensetzen!

Ja, das ist jetzt total arrogant und unsympathisch, ich weiß. Aber: Das sitzt und Sie sind Ihren Ärger losgeworden, ohne persönlich oder grützgurkig zu werden. Und wenn Sie Grützgurken zum arbeiten bringen wollen - schließlich hängt auch unsere Performance an grützgurkigen Teammitgliedern oder Mitarbeitern - müssen Sie sich etwas einfallen lassen. Mit einem „Könnten Sie bitte…." kommen Sie da nicht weit. Denn Grützgurke und Co verstehen so höflich nicht, dass es Ihnen ernst ist und was Sie konkret wollen. Außerdem wissen Sie ja, dass wir mit Everybodys Darling nicht vorankommen geschweige denn den Vampiren von Zeit und Energie und Geduld entkommen.

Klare freundliche Unartigkeit - versehen mit einem entzückenden Lächeln - und auf sachlicher Ebene artikuliert überfordert dagegen viele Herren, vor allem die Grützgurken und die Quatschtüten. Durch diese Verunsicherung werden sie aber beim nächsten Mal schneller laufen und - ob sie es wollen oder nicht - Ihnen mit mehr Respekt begegnen. Noch lustiger kann es werden, wenn Mann versucht, in einer Sitzung die Oberhand zu bekommen und Sie zu dominieren. Seien Sie noch unartiger und lächeln wie eine Königin!

Leider leben wir auch im Jahr 2014 noch in einem Zeitalter, in dem nicht wenige Männer echte Probleme mit Frauen in Führungspositionen haben. Das geht dann gerne so weit, dass Mann versucht, Sie in einer Sitzung herauszufordern und einen auf Alphatier zu machen.

Das Dämlichste, was ich erlebt habe, ist ein Auftragnehmer für eine Studie gewesen. Er wurde mir empfohlen, hatte aber leider keine gute Performance. Er erarbeitete eine unterdurchschnittliche Studie, die ich dann mit erheblichem Aufwand und dem Einsatz meiner Expertise in mehreren Runden neu erstellen lassen musste bis sie wenigstens die Note befriedigend bekam. Doch der Auftragnehmer meinte, er hätte einen guten Job gemacht und er sei der Superheld. So benahm er sich dann auch als die Studie in verschiedenen Kreisen vorzustellen war. Kamen Fragen auf, antwortete der Auftragnehmer mit allgemeinem Zeitungswissen, was eindeutig zu oberflächlich für diese Kreise war. Also unterbrach ich ihn bei seinen Darstellungen von Plattitüden und fokussierte die Sitzung wieder. Der Witzbold wollte aber weiterreden. Also grinst er mich an und sagt: Klar, dürfen Sie mich abkürzen und SIE dürfen ja Alles, wenn ICH es Ihnen genehmige!"

Sein breites Grinsen signalisierte deutlich, dass er meint, er hätte nun die Oberhand. Nur kannte er mich offensichtlich noch nicht und dachte, ich sei immer so nett, weil ich so viel lache und auch Scherze über mich selbst mache. Ich dachte natürlich, ich höre nicht richtig, um dann mit großem Genuss sehr deutlich und mit dem gleichen breiten Grinsen, das er aufgesetzt hatte, zu antworten: „Lieber Herr, selbst wenn Sie es mir nicht genehmigen würden, würde ich Sie hier unterbrechen!" Schuss gesetzt, abgefeuert, das saß. Seine Kinnlade bewegte sich nach unten – ich jubelte innerlich – die Sitzung konnte fortgesetzt werden.

Wenn Mann sich enttarnt durch Aussagen wie „Das können Sie doch gar nicht" oder „Haben Sie keinen Mann, dass Sie so einen Jobmachen müssen", dann fahren Sie die Umarmungsstrategie und Lächeln wie eine Wölfin im Schafspelz (nachdem Ihnen mal kurz die Spucke weggeblieben ist über so viel Unverschämtheit). Und auch in der Befeuerung Ihrer Karriere hilft es enorm, eine Wölfin im Schafspelz zu sein und die Unartigkeit mit Hartnäckigkeit zu paaren. Auch wenn Ihr Chef noch der Überzeugung sein sollte, dass hinter jedem erfolgreichen Mann eine starke Frau steht, sollte er lernen, dass heute viele Frauen anders fokussiert sind und selbst in der ersten Reihe ihre Frau stehen wollen. Heute sind natürlich mit dem Ausspruch häufig auch die Sekretärinnen gemeint, die ihrem Chef den Rücken freihalten, ihn organisieren und seine Launen ertragen (oder auch die Mitarbeiter vor ihnen schützen).

Mittlerweile kommen immer mehr männliche Alphatiere auf die kluge Idee, sich Akademikerinnen in ihr Team zu holen, um deren fachliche Fähigkeiten und den sehr ausgeprägten, sachorientierten Ehrgeiz für sich und den eigenen Status bzw. die eigene Karriere zu nutzen.

Ich muss konstatieren, dass das eine Zeit lang für beide Seiten eine wirklich sinnvolle, gute Win-Win-Konstellation sein kann. Sie als Akademikerin bekommen schließlich interessante Projekte, Einblicke in die Schaltzentralen der Macht, Netzwerke und Vertrauen und hoffentlich auch ein gutes Gehalt. Sie können etwas bewegen, sich und ihre Fähigkeiten ausprobieren und weiterentwickeln und permanent neue Herausforderungen meistern. Sie geben dann natürlich Alles, um sich dessen als würdig zu erweisen, arbeiten für Drei, sind der verlängerte Arm der Macht (und genießen es), verzichten auf Mittagspausen und planbaren Feierabend. Und Sie sind permanent dabei, sich zu optimieren, um Ihre vielen spannenden und sonstigen ToDos zu erledigen. Und: Sie sind verdammt gut dabei!

Wie gesagt: bis zu einem gewissen Punkt ist das eine Win-Win-Situation. Schließlich lernen Sie viel, können sich richtig beweisen und tolle Herausforderungen bestehen. Bis zu dem Zeitpunkt, an dem Sie aufgrund Ihrer Erfolge und Leistungen weiterkommen und die Karriereleiter aufsteigen wollen. Schließlich können Sie auch ab einem bestimmten Zeitpunkt bei Ihrem Chef nicht mehr wirklich etwas lernen, da auch bei einer noch so interessanten Einheit irgendwann Routine eintritt. Ein Punkt ist außerdem erreicht, wenn Sie nicht darauf achten, wo Ihre Leistungsgrenzen liegen und Sie einen Energievampir als Chef haben. Beide Situationen sind desaströs und einer Superfrau eigentlich nicht würdig. Aber wahrscheinlich macht jede Superfrau einmal Erfahrungen in die eine oder andere Richtung. Ist ja auch okay, solange Frau daraus lernt und rechtzeitig erkennt, dass da etwas schief läuft.

In der Regel will Chef Sie definitiv nicht wegbefördern: wer soll denn schließlich Ihre Arbeit machen und ihn damit glänzen lassen? Und auch der Energievampir braucht Energiequellen. Anders ist er schließlich nicht lebensfähig und schon gar nicht leistungsfähig! Erst wenn Sie sich abgegrenzt haben oder völlig ausgelaugt sind, wird er von Ihnen „ablassen" und sich eine neue Energiequelle suchen. Wenn es soweit gekommen ist, lernen Sie für die Zukunft daraus. Sorgen Sie vor allem jetzt dafür, dass Sie befördert werden, sozusagen als Dank für die jahrelange Energie und die Leistungen für den Energievampir.

Ich wurde mehrfach hingehalten bzw. habe mich hinhalten lassen und wenn ich sagte, ich will mich weiterentwickeln, bekam ich ein neues tolles Projekt, mehr Verantwortung. Dadurch entwickelte ich wenigstens meine Fähigkeiten weiter und mein Chef hielt mich einige Wochen oder Monate ruhig. Erst als ich wirklich die Pistole zog und drohte: entweder werde ich befördert und übernehme eine Führungsaufgabe oder ich gehe, tat sich etwas. Da ging es auf einmal mit der Beförderung, das war wohl dann doch endlich mal deutlich genug.

Aber der Kleine-Mann rächte sich. Ich erkannte erst viel später, dass er sich von mir verlassen fühlte. Da er nicht nur Kleiner-Mann, sondern auch Energievampir ist, habe ich ihm ja zusätzlich auch noch meine Energie entzogen. Das hat er nicht ertragen. Also hat er mich täglich schikaniert, mir das doppelte Aufgabenpensum der Kollegen verpasst und mich auch gerne am Freitag Nachmittag, wenn ich auf Dienstreise war, per Email für Versäumnisse verantwortlich gemacht, die ich gar nicht versäumt hatte. Ja, ein echtes kleines A..

Das Wasser war also wirklich kalt, aber ich habe viel gelernt, mich noch besser organisiert und ihm regelmäßig widersprochen wie auch mit Charmeoffensive und der gespielten Naivität Rapport im vorauseilenden Gehorsam abgegeben, damit seine Versäumnis-Mails ins Leere laufen konnten. Und die Gestaltungsspielräume meiner Position haben Teile des Kleine-Mann-Handelns wettgemacht.

Trotz dieser schlechten Erfahrung sollte meiner Ansicht nach jede Superfrau zwei Schritte vortreten und sagen: „Ja, ich will Karriere machen. Ich habe genug gedient, Erfolge für die Firma, den Chef, die

Abteilung produziert. Ich bin gut und will Verantwortung übernehmen und den Lohn für meine Leistungen erfahren. Ich kann das!"

Ich kann Sie nur ermutigen: machen Sie den Mund auf und warten nicht darauf, dass Ihr Chef sieht, wie toll Sie sind und dass Sie unbedingt die Karriereleiter hochgeschickt werden sollen. Warum sollte er das tun? Ja, Sie sind eine Superfrau und damit eine unberechenbare Konkurrenz für Männer – je mehr, je besser Sie sind und je weniger Sie die Spielregeln der Männer befolgen. Haben Sie also Verständnis für das Beißen und den Versuch, Sie in die Hackordnung zu zwingen. Aber entgegen der Aussage diverser Ratgeber ist es nach meiner Erfahrung das lustigste und nachhaltig erfolgreichste, wenn Sie eben nicht die Rangspiele der Herren mitspielen, sondern nach Ihren eigenen Regeln spielen. Nur so können Sie den Cluster knacken. Seien Sie also deutlich und hartnäckig und das nicht mit Verbissenheit, sondern mit Humor, Souveränität, frech sein, Gelassenheit, Weiblichkeit.

Nein, wir Frauen brauchen keine Frauenförderungsprogramme, denn wir sind keine armen Hascherl (auch wenn das zugegebenermaßen manchmal die angenehmere Variante ist, denn dann wird Frau betüdelt und gehätschelt und mit einer Frauenquote bräuchte Frau weniger zu leisten als Männer, bekäme aber trotzdem einen Führungsjob – sozusagen: Job mit Hängematte). Wir wollen nur das, was uns zusteht und keinen Boreout!

Definieren Sie selbst, wann Sie über Ihren Schatten springen wollen und wie viel!

Ja, zu guter Mitarbeiterführung gehört es, sich um die Befindlichkeiten der Mitarbeiter zu kümmern, sich zu interessieren. Sie sollten fragen, wie der Urlaub war, ob das Kind wieder gesund ist und wie es so im Allgemeinen geht. Persönlich mag Sie das genauso wenig interessieren wie mich. Und ich sage mittlerweile ehrlich: oft genug habe ich weder Lust noch Zeit noch die Nerven, um meinen Mitarbeitern diese Fragen zu stellen. Ich weiß aber, dass das wichtig ist, damit der Mitarbeiter sich besser fühlt. Ja, auch wenn der Nutzen nachgewiesenermaßen für das Klima und die Leistungen des Verantwortungsbereiches enorm sein kann, dürfen auch wir Führungskräfte mal egoistisch sein. Finde ich zumindest, denn Egoismus ist menschlich!

Oft bin ich dann trotz dieser Einstellung Motivator oder auch wie eine Mutti und frage einfach nur nett und lieb. Ich entscheide aber dann selbst, ob und in welchem Umfang ich über meinen Schatten springe und Interesse heuchle oder nicht.

Gleiches gilt bei Abendveranstaltungen. Wie wichtig diese für ein gutes Netzwerk und das berufliche Fortkommen sind, wird noch behandelt. Oft habe ich daran auch viel Spaß und Vorteil ist ja auch, dass es bei einer Abendveranstaltung in der Regel nur einen Keynote-Speaker gibt und nicht die komplette Redeagenda einer Tagesveranstaltung. Ich möchte aber auch hier selbst entscheiden, wann, wie lange und wie oft ich das tue. Wenn ich nämlich keine Lust habe, dann bin ich auch kein wirklich guter Netzwerker und vor allem WILL ICH ES DANN AUCH NICHT SEIN!

Natürlich kann ich ein Profi sein und toll schauspielern und ich weiß sehr wohl, wie netzwerken auch ohne Lust und Freude geht. Aber ich mag selbst entscheiden, wann und wie viel ich über meinen Schatten springen will. Schließlich ist ein Großteil meines Tuns fremdbestimmt, also entscheide ich wenigstens selbst, wann ich zu freiwilligen Networking-Veranstaltungen gehe. Da bin ich denn doch regelmäßig Mensch und nicht nur Profi.

Mir ist meine Zeit wertvoll und irgendwo sind Grenzen im beruflichen Add-on-Einsatz. Außerdem hat Sich-Rar-Machen auch ab und zu durchaus Vorteile, denn so bleiben Sie für andere Menschen interessanter. Sind Sie überall präsent, besteht eher die Gefahr, dass die Herren sagen: „Die hat ja wohl weder einen Partner noch ein Privatleben! Wahrscheinlich hat sie noch nicht einmal jemanden zum Essen gehen sonst würde sie ja nicht auf allen Events dinieren.

Seien Sie wachsam!

Trotz allem: Veranstaltungen und das dazugehörige Socializing sind Bestandteile vieler Jobs, erst recht je weiter Sie die Karriereleiter nach oben schreiten. Vielen sind Abendveranstaltungen ein Gräuel und nicht wenige Frauen, die ich kenne, sehen Abendveranstaltungen als erzwungenen Verzicht auf Freizeit an. Schließlich arbeiten sie tagsüber schon mehr als genug, warum dann auch noch abends, fragen sich viele.

Je öfter Sie aber an Abendveranstaltungen mit dem Ziel Netzwerken und/oder Spaß haben teilnehmen, desto bekannter sind Ihnen die Personen, die Sie treffen. Das kann nett sein, wenn Sie sich beim letzten Mal gut unterhalten haben und an diese Unterhaltung anknüpfen können. Das kann aber auch anstrengend werden, wenn Ihr Gegenüber sich nicht daran erinnern kann, dass und worüber Sie sich beim letzten Mal unterhalten haben und von vorne anfängt.

Gern genommen ist die Spezies, die sich für wahnsinnig wichtig hält und weil sie ja so wichtig ist, nicht in der Lage sein kann, sich Menschen und Gespräche zu merken. Schließlich führen diese wichtigen Herren viele Gespräche mit so vielen Leuten, dass sie den Überblick verlieren und weil sie so wichtig sind, müssen sie sich ja auch nie dafür schämen, dass sie sich nicht merken können, mit wem sie sich worüber unterhalten haben.

Stellen Sie sich folgende Situation vor, wahrscheinlich ist Ihnen diese nur zu gut bekannt: Sie sind auf einer Veranstaltung in einem angenehmen Gespräch mit einem Ihnen bekannten Herren. Wie üblich, wandeln andere Herren vorbei und grüßen Ihren Gesprächspartner freundlich im Vorbeigehen. Auch Sie grüßen die Ihnen bekannten vorbeiwandelnden Herren oder werden gegrüßt. Einer der Herren, der

Ihrem Gesprächspartner bekannt ist und sich offensichtlich für wichtig hält, bleibt händeschüttelnd neben Ihrem Gesprächspartner stehen. Höflich und freundlich fragt der Gesprächspartner: „kennen Sie sich?" Und Sie sehen in dem Blick des Hinzugekommenen, dass er keinen Schimmer hat, wer Sie sind trotz mehrfacher Begegnungen. Was tun Sie?

Zu Beginn meiner Karriere habe ich in solchen Situationen dem Hinzugekommenen das gegeben, was er in dieser Situation brauchte. Ich habe gewartet, bis er zu meinem Gesprächspartner gesagt hat, nein, wir kennen uns nicht und dabei gelächelt und freundlich die hingestreckte Hand genommen, die der Herr mir nach der Vorstellung durch meinen Gesprächspartner hingehalten hat. Manch einer mag dies als Gesichts-wahrendes-Verhalten bezeichnen, denn zwei Dinge sind damit erfüllt: der Hinzugekommene bestätigt sich in seiner Wichtigkeit, indem er sich nicht zu erinnern braucht. Er wird nicht vor den Kopf gestoßen, weil er daran erinnert wird, dass er sich doch bitteschön erinnern sollte, Sie zu kennen.

Irgendwann hatte ich dann selbst die Wahl zu entscheiden, ob ich mich auch so verhalten möchte oder ob ich so bleibe wie ich bin und freundlich auf die Menschen zugehe, mit denen ich schon Kontakt hatte. Falls ich mich nicht mehr an den Namen erinnere frage ich entweder freundlich, woher wir uns kennen oder ich wurschtel mich königlich durch, weil mir der Name zwar nicht einfällt, ich die Gelegenheit des Nachfragens verpasst habe, aber dabei ein nettes Gespräch führe. Ich habe mich dafür entschieden, weiterhin meiner Fähigkeit zu folgen, mich sehr gut an Gesichter und Gespräche erinnern zu können.

Es ist meines Erachtens keine Form von Machtausdruck, dass Mann stets wieder vorgestellt werden will. Meiner Meinung nach ist es eine Form des Stils, dass ich mich unabhängig von meinem beruflichen hierarchischen Status an die Menschen erinnere, mit denen ich mich unterhalten habe, auch wenn mir nicht immer der Name präsent ist. Daher habe ich es mir auch irgendwann abgewöhnt, mich einem der vermeintlich wichtigen Herrn zum zweiten, zum dritten oder zum vierten Mal vorstellen zu lassen. Das heißt natürlich, dass ich bei der Frage meines Gesprächspartners nach dem „Kennen Sie sich?“ sagte „ja, wir kennen uns“ und das zeitgleich zu dem Kopfschütteln meines Gegenübers. Wir wurden zwar dann nochmals vorgestellt, aber beim nächsten Mal hat der Herr sich tatsächlich erinnert. Geht doch!

Dieses in meiner bisherigen Berufswelt unartige Verhalten zeigte mir, dass es eben nicht an einer menschlichen Vergesslichkeit lag, dass die Hinzugekommenen sich nicht daran erinnern konnten, dass wir uns kennen.

Da ich viel Zeit hatte, um bei Veranstaltungen menschliches und vor allem männliches Verhalten zu beobachten, habe ich auch bemerkt, dass nur diejenigen sich nicht erinnerten, die sich für wichtig hielten. Diejenigen, die hierarchisch vermeintlich weiter unten standen, erinnerten sich immer, dass man sich schon begegnet war und immerhin – sie waren dann auch dankbar, wenn sie wiedererkannt und nicht zum zweiten, dritten oder vierten Mal vorgestellt wurden.

Besonders amüsant fand ich allerdings eine Situation, in der ich einem der vermeintlich wichtigen und hierarchisch definitiv weit über mir stehenden Herren auf dem Weg zur Toilette traf. Da ich davon ausging, dass er sich ja eh nicht an die Gespräche mit mir erinnerte, machte ich auch keine Anstalten ihn zu grüßen. Und siehe da, ein Wunder geschah: er kam grüßend auf mich zu. Das war mir ein wenig peinlich, aber natürlich auch sehr amüsant, denn es zeigte ja auch, dass Wichtigmann sehr wohl ein Erinnerungsvermögen für weniger Wichtige hatte.

Und sehr schön ist es auch immer wieder mitzuerleben, wie die wenigen souveränen Eliten unseres Wirtschaftslebens so agieren. Denn da sind die Unterschiede in Stil und Kultur doch immens und fast ein Indiz für Qualität des Charakters und Wirkens. Es gibt wirklich einige Herren, die ganz oben auf der Karriereleiter stehen und nicht nur sehr viel Macht sondern auch sehr viel Einfluss besitzen und die (trotz oder gerade wegen?) all des Erfolgs und der Verantwortung sehr aufmerksam mit ihnen bekannten Menschen umgehen – unabhängig von deren Hierarchie.

Auch dies war eine interessante Erkenntnis für mich. Eine gute Kinderstube und Stil sind außergewöhnlich in Teilen unseres Wirtschafts- und Arbeitslebens, erst recht in der Politik. Ich beneide jeden Menschen, wenn er Kollegen und Vorgesetzte hat, die eben diese Eigenschaften für sich beanspruchen können. Dieses Glück ist mir bislang nicht so oft begegnet. Das hat sicher dazu geführt, dass ich viel über zwischenmenschliches Verhalten im Beruf gelernt und auch meine Fertigkeiten im Umgang mit unterschiedlichen Verhaltensweisen weiterentwickelt habe. Einfacher wurde das Arbeiten, Motivieren und Engagieren dadurch nicht. Nun gut, arbeiten hat ja auch viel mit persönlicher Weiterbildung zu tun, erst recht, wenn Frau gesund bleiben und sich trotzdem auf der Karriereleiter nach oben bewegen will.

Leider gibt es nicht wenige Menschen, die mit ihrer Macht nicht umgehen können und vergessen, dass es gewisse Regeln in unserer Gesellschaft gibt, die nicht nur die zehn Gebote umfassen, sondern auch unter dem Begriff Benehmen subsumiert werden können. Ich wurde mit einigen Regeln erzogen und dachte auch immer, dass ein Großteil der deutschen Bevölkerung diese Regeln kennt. Mittlerweile weiß ich, dass es seinen guten Grund hat, dass sich Benimmkurse oder der Knigge einer so großen Beliebtheit erfreuen. Aber immerhin muss man den Besuchern von Benimmkursen oder der Leserschaft des Knigge ja zu Gute halten, dass die Interessenten sich und ihr Benehmen verbessern möchten und ihnen somit gutes Benehmen wichtig ist.

Vielleicht sollten wir es einführen, dass jede Führungskraft mindestens einen Benimmkurs pro Jahr machen muss und die jährliche Bonuszahlung zu 50 Prozent vom Benehmen und vom Stil abhängig gemacht wird.

Ich vermute, Sie werden diese Punkte als selbstverständlich ansehen. Wenn Sie sich aber einmal umschauen, dann haben Sie Glück, wenn in Ihrem beruflichen Umfeld keine dieser Regeln gebrochen wird:

- *Ich klopfe an eine Tür, bevor ich ein Büro betrete.*
- *Ich ziehe saubere Kleidung und saubere Schuhe ins Büro an.*
- *Ich gehe regelmäßig zum Friseur, habe gepflegte Nägel und dusche täglich.*
- *Ich schmatze nicht beim Essen.*
- *Ich beginne erst dann mit dem Essen, wenn alle Mitstreiter ihren Teller serviert bekommen haben und der Gastgeber einen guten Appetit wünscht.*
- *Ich telefoniere nicht im WC.*
- *Ich sabbere nicht beim Sprechen.*
- *Ich werfe keine Gegenstände und brülle herum, wenn ich wütend bin.*
- *Ich drohe nicht und beleidige niemanden unter der Gürtellinie, wenn jemand einen Fehler gemacht hat.*
- *Ich ziehe mir nicht die Hose bei einem Abendessen herunter.*
- *Ich kaue kein Kaugummi in Besprechungen oder während ich eine Rede halte.*

Ja, ich weiß, Sie denken sich, das ist doch selbstverständlich. Ich muss Ihnen leider sagen: nein ist es nicht. Wenn Sie nie erleben mussten, dass Sie angerufen wurden, während Ihr Gesprächspartner urinierte, das Oberhemd von Kollegen oder Vorgesetzten nicht aus der Hose hing und die Flecken vom Vortag zeigte, wenn die Frisur nicht einem streunenden Hund ähnlicher war als der eines Mannes, wenn Sie niemals die Spucke Ihres Gegenübers ins Gesicht bekamen, weil er sabberte beim Brüllen oder Sitzpolster, Uhren, Mappen etc. durch einen Raum flogen, weil er mit Fehlern anderer nicht umgehen konnte, dann haben Sie sehr großes Glück. Sie können dann dieses Kapitel als Aha-Erfahrung abschließen. Wenn Sie aber solche merkwürdigen Verhaltensweisen kennen und sich fragen, wie gehe ich damit um, dann können Sie diesen Abschnitt zu Ende lesen.

Ich gebe zu, damit umgehen fällt schwer und ich war oft genug nicht in der Lage, mir das Verhalten zu verbitten, den Raum zu verlassen oder gar die Firma. Für mich war immer am Wichtigsten, dass ich in den Spiegel schauen kann und mich von solchen stillosen Wesen nicht niedermachen lasse. Oft genug habe ich über ein solches Verhalten gelacht und dort, wo es mir aufgrund meiner Position möglich war, in der Tat verbeten. Oft genug ließ aber meine hierarchische Stellung nicht zu, dass ich den Telefonhörer auflegen konnte mit den Worten, „rufen Sie mich wieder an, wenn Sie fertig im Bad sind und vergessen Sie das Händewaschen nicht."

Ab und an fragte ich mit viel Humor und Sarkasmus: „Urinieren Sie gerade?" Antwort : „Ja." Ich lachend: „Dann muss es ja dringend sein, wenn Ihr Anruf nicht warten kann." Und dann habe ich so getan als würde ich nicht wahrnehmen, dass er gerade auf Toilette ist. Hängt ein Hemd heraus, sagte ich: „Hm, Sie sollten sich vielleicht mal wieder anziehen." Nach dem Motto: kann ja Jedem mal passieren. Auch wenn Sie jetzt sagen, dass man über so ein raushängendes Hemd (was ja gerne bei dickeren Bäuchen passiert) ja kein Wort verlieren muss, meine ich, da haben Sie grundsätzlich Recht. Mein Helfersyndrom wollte verhindern, dass derjenige sich blamiert und da denke ich mir: bevor jeder denkt, „oje, dem hängt das Hemd aus der Hose", bin ich lieber nur eine Person, die das sieht und demjenigen gleich die Gelegenheit gibt, sich wieder ordentlich zu richten, sich somit nur einmal zu blamieren.

Schwieriger wird es bei den Cholerikern, die nicht nur brüllen, sondern auch beleidigend werden und mit Dingen werfen, weil sie sonst nicht wissen, wohin mit der Wut. Gut, man könnte jetzt sagen, besser mit Sitzkissen werfen als einen Menschen schlagen. Ich sage: „gehen Sie zum Arzt, um mit Ihren Emotionen umgehen zu lernen." Nur das ist leider auch aufgrund hierarchischer Abhängigkeiten nur selten möglich – es sei denn, Sie wollen Ihren Job verlieren, wovon ich jetzt nicht ausgehe.

Ich habe erlebt, dass eine klassische menschliche Reaktion ist, verschämt auf den Tisch zu schauen, am besten mit ein wenig geduckter Haltung, um so das Drama möglichst schadlos über sich ergehen zu lassen. Ergänzt schöngeredet wird dies dann, wenn nach dem Wutanfall von Teilnehmern oder gar Betroffenen gesagt wird, „ach ja, das musste wohl mal raus und eigentlich hat er ja recht" oder aber: "er ist ja so unter Stress, da ist es doch völlig okay, wenn das Fass mal überläuft. Ist jetzt halt gerade in dieser Situation passiert, aber so schlimm ist es doch gar nicht und er meint das ja auch gar nicht so." Ich sage: „doch das ist Schlimm und so darf kein Mensch mit einem anderen Menschen umgehen, schon gar nicht im Berufsleben."

Also habe ich, wenn es die Situation erlaubte, den Raum verlassen. Wenn sie es nicht erlaubte, habe ich den Brüller angeschaut und ihm so signalisiert: „Du bist irre!" Klar hat ihn das noch wütender gemacht, aber auch einen Denkprozess in Gang gebracht und bei dem einen oder anderen Mal hat das zur Beruhigung respektive Rückkehr zur Sachlichkeit beigetragen. In anderen Situationen habe ich versucht, auf der sachlichen Ebene zu vermitteln und über Sachargumente zu deeskalieren. In weiteren Situationen, erst recht wenn ich beteiligt war, habe ich mich klar und deutlich auf der reinen Sachebene gewehrt und mir die Schläge unter die Gürtellinie verbeten bzw. laut gesagt: „das stimmt nicht!" Zwei Mal als ich vor Dritten zusammen gefaltet wurde habe ich am nächsten Tag unter vier Augen gesagt: „Das verbitte ich mir! Wenn ich etwas falsch gemacht habe, erwarte ich sachliche Kritik und das unter vier Augen und nicht vor einer Gruppe Unbeteiligter, die damit ja auch völlig überfordert sind." Ich flog dann direkt aus dem Büro und wurde über Stunden oder Tage geschnitten. Ich konnte aber in den Spiegel schauen.

Die Tränen der Wut und Enttäuschung sind mir zum Glück immer erst hinterher gekommen. Da mir laut und ausfallend nicht liegt und ich so auch nicht sein möchte, habe ich die verbale sachliche Ebene gesucht. Selbst wenn ich damit die einzig offene emotionale Ebene meines Gegenübers nicht angesprochen habe und es nicht lange bis zum nächste Gebrüll dauerte, konnte ich morgens in den Spiegel schauen und mir sagen, dass ich mich im Rahmen der Möglichkeiten gewehrt und Haltung bewahrt habe.

Je nach Situation gibt es dann noch die Möglichkeit, einen Wutausbruch zu minimieren, indem Sie direkt sagen: „auch wenn Sie gleich wieder explodieren werden, muss ich Ihnen leider sagen, dass ich einen Fehler gemacht habe...."

Ich habe auch erlebt, dass Frauen sich einen besonders tiefen Ausschnitt, besonders hohe Absätze und kurze Röcke zugelegt haben, um den Choleriker zu besänftigen und immer dann, wenn sie wusste, dass es Ärger gibt, wurde eben diese Kleidung hervorgeholt. Oft hat sie Mann tatsächlich abgelenkt, so dass der Wutausbruch nur klein war, wenn nicht gar ganz mit dem Blick auf Beine und Ausschnitt ausblieb. Auch eine Verhaltensweise mit Erfolg bei einem bestimmten Typ Mann.

Wenn solch ein Herr Ihr Kunde ist stellt sich natürlich die Frage, wie viel Sie bereit sind zu ertragen, erst recht, wenn der Kunde wichtig für Sie ist. Hier hilft sicher zunächst nur eine gehörige Portion Geduld und Ertragen und das Vermeiden jeglicher Angriffspunkte. Wenn Sie wissen, dass der Kunde dazu neigt, ausfallend zu werden, empfehle ich eine Charmeoffensive. Seien Sie weiblich und setzen Sie ihre Superfrau-

Maske auf. Wickeln Sie ihn derart ein, dass er sich nicht nur als wichtiger wenn nicht gar einziger Kunde und König fühlt. Geben Sie ihm auch auf der emotionalen Ebene das Gefühl, dass er Ihr Superheld ist. Machen Sie ihm Komplimente, nehmen Sie sich zurück. Geben Sie ihm Alternativen, damit er sich entscheiden kann und das Gefühl hat, die Strippen der Macht zu ziehen. Versuchen Sie, ihm die Wünsche und Anforderungen von den Augen abzulesen und diese dann auch (natürlich nur im Rahmen des Beruflichen) zu erfüllen. Nein, derartige Kunden sind nicht leicht zu händeln und sehr viel zeit- und energieintensiver als andere. Da sie aber in der Regel ihren Dienstleister schnell wechseln, wenn dieser nicht nach ihren Regeln performt, lohnt sich die Investition in den Aufbau eines dauerhaften Vertrauensverhältnisses.

Und auch hier gilt: Seien Sie eine Wölfin im Schafspelz und ab und an geht es halt nicht ohne schauspielern, wenn Ihnen ein Job oder ein Kunde wichtig ist. Das ist auch okay so, am Wichtigsten ist, dass Sie sich bewusst sind, was Sie warum tun oder nicht tun. Denn diese Menschen brauchen Vertrauen und das Wissen, dass Sie ihm die Wünsche von den Augen ablesen, dass Sie die gleiche Sprache sprechen und den gleichen Qualitätsanspruch haben. Denn wenn dann eine Situation auftritt, in welcher der Kunde brüllen will, können Sie ihn anlächeln und sagen: „ich habe einen Fehler gemacht und den werde ich so und so beheben" oder Sie können ihm gar eine Hand auf den Unterarm legen und sagen: „das stellen wir schnell wieder richtig."

Auch durch vorher aufgebautes Vertrauen verhindern Sie meist schlimme Wutausbrüche und geben dem Kunden das Gefühl, Sie sind souverän und lösen das Problem ganz schnell und so, dass er sich nicht kümmern muss. Wichtig ist, dass der Kunde nicht nur das Gefühl hat, dass Sie etwas können, sondern vor allem, dass er sich auf Sie verlassen kann – in guten wie in schlechten Tagen. Die Spielwiese der Möglichkeiten ist also enorm und wir sollten das für uns Beste ausprobieren, solange wir nicht in der Lage sind, zu sagen: „Gehen Sie zum Psychiater und behandeln Ihre Cholerik und Ihren Jähzorn."

Klappern gehört zum Geschäft! Üben Sie sich darin!

Sorry meine Damen, aber da müssen wir uns bei den Herren noch Einiges abgucken und viel üben. Denn sonst bleibt es dabei, dass ein Großteil der Herren uns gerne als Arbeitstier nutzt, das für die eigene Karriere förderlich ist. Die meisten Herren kämen von alleine nie auf die Idee, uns in die Chefsessel zu lassen. Also heißt es: Klappern! Denn wenn wir nicht genauso laut und um ein Vielfaches charmanter klimpern und klappern als die männliche Spezies, dann versteht Mann uns auch nicht. Wenn wir nur kleckern nehmen sie uns nicht in die Clubs und Closed Shops auf. Dann lassen sie uns nicht in die Chefetagen. Warum auch, wenn wir aus ihrer Sicht ja gar nicht artikulieren und fortlaufend unterstreichen,

- *wie gut wir sind,*
- *was wir alles zu bieten haben und*
- *was wir wollen.*

Die uns anerzogene Bescheidenheit und der Fokus auf Sachergebnisse helfen uns nicht weiter, wenn wir die Karriereleitern aufsteigen und die Chefetagen erobern wollen. Es ist eine fortlaufende Übungsaufgabe für uns – und das kann Frau wunderbar mit den tollen Frauen eines Netzwerks üben – über unsere Leistungen, Erfolge, Projekte, Erfahrungen und Fähigkeiten zu berichten. Stets an der richtigen Stelle und mit fortlaufender Wiederholung und vor allem: mit der identischen Selbstverständlichkeit mit der Mann das tut.

Gucken Sie also genau hin, wie die Herren klappern und üben Sie, permanent, souverän und selbstverständlich über Ihr Können zu reden. In unterschiedlichen Situationen, sei es beim Mittagessen, sei es im bilateralen Gespräch oder auf einer Veranstaltung sollten wir über unsere Fähigkeiten und Erfolge genauso sprechen wie über das Ziel (nicht nur den Wunsch!), uns weiterentwickeln und die Karriereleiter heraufklettern zu wollen.

Gut sind Sätze wie: „Ja, das kenne ich aus meiner Zeit bei der Firma M., da habe ich das Projekt XY betreut. Hatten Sie da auch Kontakt mit Herrn Z, dem Geschäftsführer? Mit dem habe ich die Entscheidung A getroffen.“ Damit sagen Sie schon viel über Ihr Tun und Ihren Status aus. Ebenso können Sie spielerisch in Gespräche einflechten,

- *wen Sie kennen und*
- *was Sie können,*
- *welche Ideen aus Ihrer Feder stammen und*
- *welche Meinung Sie vertreten.*

Die Kunst dabei ist, dies fortlaufend wie ein Mantra in angenehmer Dosis zu tun und den Gesprächspartnern weder auf die Füße zu treten, weil sie nichts Passendes entgegen halten können, noch arrogant und allwissend zu wirken. Das macht den Herren nämlich wieder angst. In der Tat kann diese Übung eine Gratwanderung werden, daher sehen Sie es zunächst spielerisch und als Übung an.

Durch eine fortlaufende Übung werden Sie schnell die richtige Dosis Selbstdarstellung finden und auch Spaß daran haben, sich über sich so ganz nebenbei zu äußern.

Ziel ist, dass Sie deutlicher in Ihrem Profil wahrgenommen und mit den Attributen einer Chefin ausgestattet werden. Mindestziel sollte es sein, dass Mann genauer hinsieht, Sie nicht als potenzielle Affäre oder Energiespender wahrnimmt und Sie auf Augenhöhe oder gar als Alphatier anerkennt. Dazu gehört es auch, dass Sie in Männerrunden „Frauenthemen“ meiden und sich auch nicht darin verwickeln lassen. Problem oder Herausforderung wird es noch lange Zeit sein, dass viele Herren unsicher sind, wenn eine Superfrau um sie herum ist und sie mit ihr zusammen arbeiten oder in Gremien sitzen.

Als ich noch artig zurückhaltend war, wurde ich recht häufig ignoriert oder misstrauisch beäugt. Die Distanz war spürbar. Aber sie war nicht feindselig, sondern strotzte nur so vor Unsicherheit. Das mag ja ab und an ganz niedlich sein, aber im Job doch völlig fehl am Platze und zum eigenen Nachteil. Wenn Sie einen guten Job und Karriere machen und auch noch Spaß haben wollen, können Sie derartige Distanz nicht brauchen. Sie brauchen das Netzwerk, müssen Teil des Systems sein – auch oder gerade weil Sie Frau sind. Hier können Sie die vielen sehr schönen Anregungen in dem Buch von Monika Scheddin „Wecke die Diva in Dir" (2011) nutzen und schauen, welche Verhaltensweisen zu Ihnen passen könnten.

Als ich die Relevanz von Klappern für meine Karriere erkannt habe, habe ich zunächst meine Smalltalkfähigkeiten ausgebaut und damit begonnen, Menschen zunächst gezielt mit interessanten Smalltalkthemen für mich einzunehmen. Ich war sehr offen und freundlich und bin sehr proaktiv auf die Herren bei Veranstaltungen oder anderen Terminen zugegangen. In Sitzungen habe ich nicht nur den Mund aufgemacht, weil ich etwas zu sagen hatte, sondern auch, um den Herren zu zeigen, dass Mann auf fachlicher Ebene sehr wohl mit mir reden kann. Sehr amüsant waren dann die Versuche einzelner Herren, in Sitzungspausen die Distanz zu überwinden durch Fragen wie: Können Sie gut kochen? Haben Sie Kinder? Machen Sie Urlaub im Wellnesshotel?

Ich hatte die Wahl zwischen erstens den Herren ins Gesicht springen vor diesem Versuch, mich auf Frau zu reduzieren oder zweitens freundlich milde zu reagieren mit einer knappen Antwort und einer charmant geäußerten Gegenfrage nach dem Motto zu antworten: Können Sie kochen? Haben Sie Kinder? Machen Sie Urlaub im Wellnesshotel? Ich wurde diese Dinge jeweils nur einmal gefragt und wir konnten uns auf das Business konzentrieren, netzwerken und andere Themen finden, die weniger geschlechtsstereotyp waren.

Natürlich haben nicht wenige Herren derartige Fragen gestellt, weil ihnen nichts Besseres einfiel. Aber nicht wenige von ihnen versuchten, mit diesen Fragen den Machtkampf auszuloten und den Unterschied zwischen Frau und Mann in dem Sinne klarzustellen, dass der Mann das Alphatier und die Frau am besten das Heimchen am Herd sein sollte. Diese Herren nenne ich gerne Grützgurken. Denn die Grützgurken tarnen sich gerne mit Freundlichkeit. Sie gehen auf einen proaktiv zu und stellen auf den ersten Blick freundliche interessierte Fragen. Auf den zweiten Blick wird aber bei dieser Spezies ganz schnell deutlich, dass sie Frau mit solchen Familien- und Frauen-Fragen in die Ecke des hinteren Rangs drängen wollen und deutlich machen wollen: Sie sind das Hascherl und ich das Alphatier!

Das ist bösartig und nervig und ich wünsche Ihnen, dass Sie derartiges selten erleben müssen und die Gelassenheit haben, mit den Fragen und den Grützgurken zu spielen durch Gegenfragen oder Scherze. Horchen Sie auch auf Ihre Intention für das Unterscheiden von Grützgurken und unsicheren Herren. Letztere wollen ja durch diese weniger intelligenten Fragen wirklich die Distanz überwinden und ein Gespräch mit Ihnen führen. Und bei ihren Partnerinnen oder Töchtern klappt das ja auch gut. Warum, denken sie sich, klappt das dann nicht auch bei einer arbeitenden Frau?!

Ich kann aus meiner Erfahrung nur empfehlen, sich egal wie groß die Leidenschaft für das Kochen, die Kinder oder Wellness ist, nicht auf ein längeres Gespräch zu diesen Themen einzulassen! Antworten mit einem knappen Ja oder Nein, verbunden mit einer Gegenfrage oder einer Frage mit beruflichem Hintergrund reichen aus, um das Gespräch in fachliche Bahnen zu lenken. Wenn wir uns auf das Frau-Familie-Spiel einlassen, werden wir von den Grützgurken auf den letzten Platz im Rudel degradiert und bestenfalls zwar gemocht, nicht aber beruflich und fachlich auf Augenhöhe angesehen. Die Chance, auf Augenhöhe und mit einem Sprung auf der Karriereleiter zu agieren, ist dann für lange Zeit vertan und es kostet viel Mühe, das Feld von hinten aufzurollen.

Wenn aber eine Grützgurke immer wieder versucht, Sie auf diese Ebene zu setzen und sei es nur, um sich selbst wichtig und überlegen zu fühlen, dann bleiben Sie einfach charmant. Denken Sie daran, dass Sie ein Profi sind und das Netzwerk wollen und haben Sie Spaß dabei, die Grützgurken am langen Arm verhungern zu lassen. Ihre gute Erziehung und Ihre Intuition werden Ihnen die richtigen charmanten und gewitzten Worte geben, die derartige Situationen entspannen und Sie als Siegerin herausgehen lassen. Klappern Sie also ordentlich und lernen zeitgleich den Umgang mit den Grützgurken. Damit stellen Sie wichtige Weichen für Ihre Karriere.

Bauen Sie sich ein Netzwerk auf!

Lange Zeit dachte ich, ich müsste in meinem Job nur sehr gut sein und stets vollen Einsatz und Professionalität zeigen, dann werde es schon etwas mit der Karriere. Schließlich hat uns während unseres Studiums niemand darauf vorbereitet, dass nicht nur soziale und fachliche Kompetenz sondern auch Netzwerke ganz wesentlich für das berufliche Fortkommen sind.

Während meines bisherigen Berufslebens ist mir sogar aufgefallen, wie oft nur das Netzwerk und nicht das Können, die soziale und die fachliche Kompetenz für das Einstellen von Bewerbern oder das Befördern von Mitarbeitern ist. Ich gebe zu, ich war entsetzt. Zu Anfang dachte ich noch, das sei ein Einzelfall, da hat sich einer oder eine nur gut verkauft und erst später hat sich halt herausgestellt, dass er oder sie eine Flitzpiepe ist. Das ist ja menschlich und kann jeder Führungskraft mal passieren. Doch je länger ich berufstätig war, desto häufiger fiel mir auf, dass da Menschen (egal welchen Geschlechts) auf Positionen saßen, die sie fachlich oder persönlich gar nicht ausfüllen können.

Umgekehrt habe ich mich immer wieder gewundert, dass Menschen, die ich für sehr engagiert und kompetent hielt, gerne mal ausgebremst wurden. Bis ich die Studien zum Beförderungsverhalten in Deutschland las und lernte, dass viele Vorgesetzte Mitarbeiter befördern, die ihnen nicht gefährlich sein können, also weniger können und weniger wissen als sie selbst. Wichtigste Einstellungsvoraussetzung ist häufig: kann der oder die mir gefährlich werden und an meinem Stuhl sägen oder nicht. Ich bin darüber entsetzt, aber natürlich hat mir das nichts genützt. Ich finde das sehr ungerecht, denn wie viele Leute reißen sich den Hintern für ihren Job auf, investieren weit mehr als die vertraglich vereinbarte Arbeitszeit (ohne dafür einen Gegenwert an Überstundenausgleich finanzieller oder zeitlicher Art zu bekommen). Haben Sie unzählige private Verabredungen, Sporttermine usw. abgesagt, weil Sie Ihren beruflichen Pflichten nachkommen und einen richtig guten Job machen wollten? Und fanden Sie das immer wieder hart, selbst ausgebremst zu werden oder andere gute Leute ausgebremst zu sehen?

Heute verwundert es mich nicht mehr, dass je nach Studie 40 bis 60 Prozent der deutschen Arbeitnehmer innerlich gekündigt haben und nicht wenigen Führungskräften die Note mangelhaft ausgestellt wird. Umgekehrt habe ich nicht in dem Frust der Ungerechtigkeit verharren wollen, sondern mir näher angeschaut, was dahinter steckt außer der Angst von Vorgesetzten, jemand säge an ihrem Stuhl. Irgendwann habe ich erkannt, wie wichtig es ist, nicht nur wahrgenommen sondern auch gefördert zu werden und dass es dazu nicht nur Kompetenz braucht, sondern dass es auch ein Netzwerk und einen Mentor braucht, um ganz nach oben zu kommen.

Es ist unglaublich, wann welche Gerüchte über Menschen in die Welt gesetzt werden, um ihnen zu schaden, sie wegzuloben oder tatsächlich die Karriereleiter nach oben zu bringen. Und es ist unglaublich, dass die meisten interessanten Jobs über Netzwerke und nicht über Stellenanzeigen vergeben werden. Denn im optimalen Fall ist natürlich die Empfehlung über ein Netzwerk schon einmal ein erstes Gütesiegel. Eine Empfehlung zeichnet einen Bewerber aus, nach dem Motto: Wenn Herr Müller sagt, der ist ein Guter und perfekt geeignet für die Position, die ich zu besetzen habe, dann schützt mich das schon ein Stück davor, die Katze im Sack zu kaufen. Zudem muss ich nicht ausschließlich anhand von Bewerbungsgesprächen entscheiden, ob der Bewerber etwas kann und auf die vakante Position passt. Und auch wenn Sie in Meetings, auf Konferenzen oder im Verein etwas erreichen wollen brauchen Sie Mitstreiter.

Sie brauchen überall Menschen, die von dem überzeugt sind was Sie wollen, was Sie vorschlagen und was Sie können. Das hat viel mit

Vertrauen zu tun und Vertrauen entsteht nur dann, wenn man sich kennt. Und hier sehe ich den Sinn und den absoluten Nutzen eines Netzwerkes und empfehle Ihnen: Sorgen Sie dafür, dass einige Menschen in unterschiedlichen Positionen Sie kennen und schätzen. Bauen Sie Vertrauensverhältnisse auf der beruflichen Ebene (nicht zu verwechseln mit Freundschaften!) auf. Das schaffen Sie, indem Sie sich regelmäßig mit einzelnen Menschen austauschen, sei es beim Business-Lunch oder Business-Dinner oder eben auf Veranstaltungen. Rufen Sie denjenigen auch mal an und fragen um Rat bevor Sie eine Entscheidung treffen und beginnen Sie am Telefon damit, Mehrheiten für Ihre Ideen oder auch für unangenehme Entscheidungen zu finden. Überlassen Sie das nicht dem Meeting, in dem Sie dann bei Null mit der Überzeugungsarbeit anfangen müssen.

Nun werden Sie mich fragen: wie soll ich denn dafür die richtigen Leute finden? Ich vertraue da voll und ganz meinem Instinkt. Ich beobachte Menschen gern und mache mir ein Bild darüber, ob ein potenzieller Netzwerkpartner an der Sache interessiert ist, ob und wie er mit anderen Menschen umgeht, wie er spricht und worauf er seinen Fokus legt. Dies greife ich dann auf, wenn mir derjenige als passend und vertrauenswürdig erscheint und natürlich, wenn ich den Eindruck habe, dass da ein Netzwerk auf menschlicher Augenhöhe entstehen kann. Sie kann, muss aber nicht gleichzeitig eine hierarchische Augenhöhe sein. Vor allem für den Aufstieg der Karriereleiter nützt es natürlich enorm, wenn Sie hierarchisch höher gestellte Menschen zu Ihrem Netzwerk zählen. Das kann in dem besten Fall ein Mentor sein, der Ihnen hilft, sich weiterzuentwickeln und Ihnen wirklich ein Ratgeber ist und Sie ohne den Blick auf eigene Vorteile zu legen empfiehlt oder befördert. Das wird eine souveräne Persönlichkeit tun, weil Sie sich vorher durch Leistung, persönliche Kompetenz und andere Eigenschaften mit Vertrauen ausgezeichnet haben.

Ich habe wirklich gute Erfahrungen damit gemacht, mit Menschen, auch wenn sie hierarchisch über mir standen, über die sachliche, freundliche Kommunikation und das Preisgeben von einigen persönlichen Dingen (z.B. Hobbies, Erzählungen aus dem letzten Urlaub oder das Befinden der Mutter) ein Vertrauensverhältnis aufzubauen. Diese Menschen sind mein berufliches Netzwerk. Ich würde sie aber nie meine Freunde nennen oder mit ihnen in den Urlaub fahren. In dieser zwischenmenschlichen Beziehung geht es ausschließlich um das Geben und Nehmen von Wertschätzung, Information und vor allem um Vertrauen. Denn uns allen sind Menschen suspekt, die wir nicht einschätzen können, die uns unberechenbar und fremd erscheinen.

Privat können wir einen Bogen um diese Personen herum machen, beruflich oft nicht. Und da keiner von uns gerne ausgebootet wird oder wir auch gerne befördert werden möchten, brauchen wir Allianzen gegen diejenigen, die uns ausbooten wollen oder einer anderen Fraktion angehören und damit andere Loyalitäten halten müssen. Am Ende kann man Netzwerke mit Fußballmannschaften vergleichen.

Am Ende gewinnt derjenige, der sich strategisch am Besten aufgestellt hat, die besten Argumente mit dem besten Netzwerk umgesetzt hat. Vor dem Hintergrund, dass außerdem im Berufsleben für eine Führungsposition mehrere Bewerber unterschiedlicher Fraktionen antreten oder selbst einen Auftrag bekommen möchten, ist es unabdingbar, über einen Mentor und sein Netzwerk die eigenen Chancen auf den Job, den Auftrag oder die Entscheidung zu erhöhen. Als No Name wird Ihnen das kaum gelingen, sich gegen Bewerber mit einem Netzwerk durchzusetzen. Dann haben Sie keinen Leumund, egal wie gut Sie sachlich sein mögen. Und ich sehe es an mir selbst. Wenn ich zum Beispiel Dienstleistungsaufträge vergebe und mir zwei Entwürfe rein sachlich gleich gut gefallen und sie auch preislich in der gleichen Liga spielen, habe ich immer der Agentur den Auftrag gegeben, die ich schon kannte oder die mir empfohlen wurde. Denn dann wusste ich, dass nicht nur das Angebot oder der Entwurf gut ist. Zusätzlich habe ich auch mehr Vertrauen, zur richtigen Zeit in der geforderten Qualität ohne Pannen und Schlampereien gute Ergebnisse zu bekommen.

Das ist alleine schon aus ökonomischen Gründen nicht nur menschlich, sondern auch sinnvoll. Schließlich habe ich umso weniger Aufwand mit einem Projekt, je mehr ich mich auf meinen Auftragnehmer verlassen kann. Ich muss ihn nicht dauernd kontrollieren, ich muss nicht dauern erklären oder Pannen und Zeitverzögerungen akzeptieren und ich kann mich meist darauf verlassen, dass die empfohlene Agentur gut arbeitet. Warum also sollte ich bei gleicher Qualifikation das Risiko des Neuen eingehen. Die Gefahr ist zu groß, dass die mir unbekannte Agentur zwar ein gutes Angebot abgegeben, aber in der Umsetzung und Termintreue Schwächen hat, die ich dann mit meiner Zeit und meinem verfügbaren Budget ausgleichen muss. Das wäre ja schon fast dumm.

Ich empfehle Ihnen also, sich ein profundes Netzwerk innerhalb und außerhalb Ihrer Firma aufzubauen. Fangen Sie bei Schul- und Unifreunden an und nutzen Weiterbildungen, Veranstaltungen, Meetings und Dienstreisen, um neue Menschen kennen und schätzen zu lernen und von ihnen geschätzt zu werden. Überlegen Sie aber stets: Klasse nicht Masse ist das Motto, denn Netzwerken bedeutet auch Zeitinvestitionen und sowohl berufliches Know How wie Persönliches preiszugeben. Schließlich bekommen Sie nur etwas, wenn Sie auch etwas geben. Auch braucht der Aufbau von vertrauensvollen Netzwerken Zeit. Es macht also Sinn, damit weit vor einem Jobwechsel oder einer Unternehmensgründung zu beginnen.

Suchen Sie sich auch tolle Superfrauen für Ihr Netzwerk, denn sie bringen Sie weiter und stehen mit Rat und Tat zur Verfügung und rufen Sie an, wenn sich Unwetter oder Sonnenschein anbahnt. Superfrauen sind verlässliche Netzwerkpartner und Sie stehen zu ihren

Entscheidungen, wenn diese einmal getroffen sind. Sie können voneinander lernen und ehrlich zueinander sein und so miteinander wachsen und sich weiter entwickeln. Unterscheiden können Sie Ihr berufliches und Ihr privates Netzwerkverhalten.

Wenn ich beispielsweise bei EWMD o.a. netzwerke, tue ich dies als Person mit meinen persönlichen Zielen und Interessen. Wenn ich dies im Rahmen meines Jobs tue, bin ich meist eine Vertreterin meines Arbeitgebers, der konkrete fachliche Botschaften und Ziele vertritt bzw. verfolgt. Hier suche ich also auch thematische und strategische Allianzen, um die Interessen meines Arbeitgebers zu verfolgen. Meine persönlichen Interessen sind dabei oft nachrangig. Natürlich ergeben sich auch Synergien. Auch die Relevanz von Sympathien ist um ein Vielfaches niedriger als beim persönlichen Networking. Denn da sind die Prioritäten stärker auch auf das Persönliche fokussiert - schließlich will ich meine Freizeit nicht mit Menschen verbringen, die ich nicht mag. Wenn es um Netzwerke für mein Fortkommen geht, spielt Sympathie dann eine Rolle, wenn Sie Vertrauen aufbauen wollen. Netzwerke sind oft bedeutsamer als Können und daher sollte Ihr Netzwerk nicht nur aus Frauen bestehen.

Damit sich etwas zu Ihrem Vorteil entwickelt, empfehle ich, dass Sie sich echte Verbündete suchen, Menschen, mit denen Sie sich austauschen wollen und Menschen im beruflichen Umfeld, die Ihnen als Gleichgesinnte nicht aber Konkurrenten erscheinen. Gründen Sie zum Beispiel ein Referentenmonatstreffen Ihres Unternehmens, tauschen sich mit Gleichgesinnten aus und lernen die Denkmuster der Kollegen kennen, ohne zu persönlich zu werden und auf Freundschaft aus zu sein. Fokussieren Sie sich dabei allein auf den Arbeitsplatz oder die berufliche Vita und Unternehmensfragen. Suchen Sie sich ein Netzwerk, davon gibt es viele im Internet oder in dem Buch von Monika Scheddin „Erfolgsstrategie Networking" (2013). Gehen Sie ab und an auf eine Konferenz oder Vortragsabende zu Themen, die Sie interessieren und sprechen dort Menschen an.

Netzwerken Sie und Sie werden neue Inspirationen und Verbündete finden, die selbst voll im Berufsleben stehen aber eben keine Konkurrenten in Ihrem Job sind. Hilfreich in konkreten Themen und Fragestellungen für Ihre berufliche Perspektive ist auch immer ein Coach oder eben ein Coaching-Kreis, in dem Ihnen nicht nur von dem Profi, sondern auch von Gleichgesinnten geholfen wird, Sie sich austauschen und gegenseitig inspirieren können.

Aber auch Veranstaltungen sind wichtige Orte und große Möglichkeiten für Netzwerke und Allianzen – oder einfach nur, um das Eis zwischen Frau-Alphatier und Mann-Alphatier zu brechen. Wenn Sie eigentlich Abendveranstaltungen nicht leiden können, ist das ziemlich doof. Erst recht, wenn Frau einen Job hat, wo es ein absolutes Must ist, auf Abendveranstaltungen zu gehen und das Netzwerk zu pflegen. Da geht echt viel Zeit bei drauf und Sie können Ihrer Freizeit auf Wiedersehen sagen oder den viel zu vollen Schreibtisch aus der Ferne grüßen. Aber sorry meine Damen, es hilft nichts, beim Rotwein, beim Empfang oder beim gesetzten Essen werden Sie die meisten Sprossen Ihrer Karriereleiter aufsteigen oder sich setteln. Da hilft ein guter Job tagsüber null und nichts. Hinzu kommt, dass das Rotweintrinken am Abend viele Vorteile hat, wenn Sie es gezielt und professionell angehen und all die Fallen meiden. Neben dem Networking können Sie den Herren die Angst vor Ihnen nehmen, mit Vorurteilen aufräumen oder Mehrheiten für kommende Entscheidungen herbeiführen.

Meine besten Erfahrungen diesbezüglich hatte ich auf Tagungen, zu denen alle Teilnehmer anreisen mussten und wo man abends nur netzwerken oder Fernsehen konnte. Damals tagten wir in einem kleinen Dorf in Bayern und waren sehr früh mit der Sitzung fertig. Erst am nächsten Morgen sollte der zweite Teil der Tagung folgen, so dass es viel zu früh zum Fernsehen oder gar Schlafengehen war. Es gab also keine Chance, frühzeitig aufs Zimmer zu verschwinden. Für das Nachhause fahren war es aber auch schon zu spät. Also hieß es: ab an die Bar.

Die Herren kannten mich noch nicht gut und es begann damit, dass sie sich wirklich wunderten, dass ich Rotwein trinke (und dabei sehe ich wirklich nicht so aus als würde ich asketisch leben), im Laufe des Abends kamen dann Gespräche auf Sport, Skifahren und Urlaubsgebiete. Es wurde gelacht und dann begann der Teil mit den frauenfeindlichen Sprüchen, die ich mit freundlichen Hinweisen auf den Zusammenhang zwischen Bauchumfang und Sport konterte. Und so nahm der Abend seinen Lauf und wir lachten viel. Am Ende des Abends zog ich vor allem das Fazit, dass wir nicht nur viel gelacht haben, sondern dass das Lachen und auch die fehlende Askese dazu erheblich beitrugen, dass die Herren ihre Angst vor mir verloren und Vertrauen zu mir gefasst haben. Und ich gebe zu, das war ein gutes Gefühl einmal nicht wie eine Außerirdische behandelt zu werden und Schranken zu zerstören. Und es tat gut, acht neue Vertraute in meinem Netzwerk und für das Umsetzen von guten Unternehmensentscheidungen zu haben.

Suchen Sie sich einen Mentor(in) und einen Coach!

Sind Sie ein Teamplayer oder eine Einzelakteurin? Machen Sie die Dinge lieber selbst oder delegieren Sie lieber? Artikulieren Sie immer im Job, was Sie wollen und was nicht? Picken Sie die Arbeitspakete, die am „Wegesrand" liegen auf und zeigen durch Leistung Ihren Einsatz und Ihre Kompetenz? Ist es Ihr Fluch: Die Guten bekommen immer mehr Arbeit!? Können Sie vielen Menschen in Ihrem beruflichen Umfeld vertrauen?

Ich empfehle Ihnen, sich einen Mentor oder Coach zu suchen. Ob es eine Frau oder ein Mann sein soll, müssen Sie für sich entscheiden. Wir Frauen ticken anders im Privaten wie im Beruflichen als die meisten Männer. Uns sind in der Regel andere Dinge wichtiger als Prestige, Geld und Auto. Doch diese tollen Frauen sind leider nach wie vor viel zu selten an entscheidenden machtvollen Positionen in Unternehmen aktiv. Die Gläserne Decke, wie sie verniedlichend genannt wird, ist wohl eher noch aus Beton denn aus Glas. Noch sind Entscheidungsträger meist männlich. Das heißt, um voran zu kommen hilft es enorm, sich mit Frauen auszutauschen, Rat zu holen, sich gegenseitig zu coachen und auch mal zu lachen und zu heulen. Das heißt aber auch, den Blick auf potenzielle männliche Mentoren oder Coaches zu richten.

Klar kann Frau auch Glück haben und es findet sich eine weibliche Entscheidungsträgerin in ihrem Netzwerk, wo dann eben Frau - Frau befördert und nicht wie sonst üblich Mann - Mann – oder gar Kleiner Mann - Kleiner Mann.

Ich persönlich hatte lange Zeit hauptsächlich männliche Mentoren und Freunde und Netze. Erst als ich erkannt habe, menschlicher sein und nicht nur im Job, sondern auch im Networking emotionaler werden zu wollen, hat mich zunächst eine Coachin gefunden. Über sie habe ich nicht nur viel gelernt und über mich und uns Frauen gelacht, weil wir eben sind wie wir sind. Ich habe einmal mehr erkannt, wie oft uns männliche Härte und Rücksichtslosigkeit fehlen, wie schwach ein anhaltendes Durchsetzungsvermögen ausgeprägt ist, erst recht, wenn Widerstände drohen. Und wie viele von uns können so schwer Nein sagen oder ihr Wirken nur an der Publicitywirkung ausrichten. Stattdessen sind wir so oft an Sachergebnissen interessiert, verbeißen uns daran und nehmen das männliche Hierarchie-Rudel-Gehabe gar nicht erst wahr. Wir wundern uns dann aber, wenn wir auf Sitzungen oder Konferenzen nicht ernst oder gar nicht erst wahrgenommen werden.

Über meine Coachin habe ich auch einen ganz anderen Blick auf das personenbezogene Networking bekommen. Netzwerke, um sich auszutauschen, um sich zu entwickeln und zu helfen. Dass aus diesen Netzwerken eben auch immer wieder Geschäftsbeziehungen entstehen, ist dann der willkommene Nebeneffekt, steht aber nicht im Mittelpunkt. In dem Coaching habe ich aber auch für mich festgestellt, dass es natürlich wichtig und richtig ist, Female-Netzwerke für Job und Leben zu bilden und sich auf dieser Ebene auszutauschen.

Unsere Welt besteht aber eben nicht nur aus Frauen oder nur aus Männern und die Berufswelt schon mal gar nicht. Und ich denke nicht, dass es uns weiterbringt, wenn wir Frauen „Gleiches mit Gleichem" vergelten, also uns nur auf Frauen konzentrieren und Closed Shops aufbauen, um dann Männer zu diskriminieren. Nein, ich bin der Ansicht, dass wir als Volkswirtschaft und als Gesellschaft ebenso wie als Menschen dann gewinnen, wenn wir den Schlagbohrer rausholen, die Beton-Glasdecke möglichst splitterlos aufbrechen und Personalentscheidungen nach Qualifikation oder Zielsetzung, nicht aber nach dem Geschlecht treffen. Dazu gehören Unternehmen, NGOs genauso wie die vielen Clubs. Dazu gehören Zirkel und Vereine genauso wie Gewerkschaften oder Arbeitgeberverbände und deren Vorstände. Das geht natürlich nicht von heute auf morgen. Bestehende Denkmuster, Arbeitsmuster und Entscheidungsmuster müssen aufgebrochen, angepasst, weiterentwickelt werden. Im Denken und Handeln der Gesellschaft bei Männern wie Frauen muss sich etwas ändern. Schritt für Schritt.

Außerdem möchte ich Sie ermuntern, sich einen Mentor zu suchen. Auf www.mentoring-d.de ist die Bedeutung von Mentoring sehr einfach zusammengefasst: „Mentoring ist eine Förderbeziehung zwischen zwei Personen unterschiedlicher Erfahrungs- und Hierarchieebene. Eine erfahrene Person, meist Führungskraft (Mentor/in), berät eine meist jüngere Person (Mentee), die am Anfang ihres Karriereweges steht. Es geht dabei vor allem darum, Wissen weiterzugeben, berufliche Kompetenzen auszubauen und die Persönlichkeit weiter zu entwickeln."

Die Bedeutung von Mentoren steigt meines Erachtens, je stärker die Hürden zwischen den Geschlechtern aufzubrechen sind. Wie auch Monika Henn in ihrem Buch „Die Kunst des Aufstiegs" (2. Auflage, 2012) umfassend analysiert, gibt es erhebliche Unterschiede zwischen Männern und Frauen im Berufsleben, ihren Bewertungen und den Gründen für oder gegen Aufstieg in Führungspositionen. Auch sie weist auf die Bedeutung von guten Führungskräften und Mentoren hin, was ich aus meiner Erfahrung nur bestätigen kann.

Mit einem guten Mentor, der Sie ernsthaft unter seine bzw. ihre Fittiche nimmt, Sie berät und Sie wachsen lässt, Sie dabei unterstützt Ihre Stärken zu stärken und Ihre Schwächen zu schwächen, können Sie sich weiter entwickeln. Dank Ihrer charakterlichen und beruflichen Stärke können Sie sich von einem Mentor coachen lassen und ihn umfassend ausfragen, um Rat bitten oder auch konkrete Situationen durchspielen, ohne dass es Ihrer Karriere schadet. Wichtig ist dabei natürlich, dass der Mentor verschwiegen und grundsätzlich Ihnen als

Person und Ihren beruflichen Fähigkeiten gegenüber positiv eingestellt ist. Und wenn Ihnen Ihre Intuition sagt, dass es zu negativen Verflechtungen zwischen Arbeitsplatz und Mentoring kommen kann, dann sollten Sie diesem potenziellen Konflikt schnellstens vorbeugen und Beides voneinander trennen.

Ob Sie sich ganz formal einen Mentor suchen oder einfach eine von Ihnen geschätzte Persönlichkeit als engen Vertrauten und Ratgeber für berufliche Fragen auswählen, ist dabei irrelevant. Ob Sie präferieren Mentor und Vorgesetzten in einer Person zu haben oder nicht, hängt ganz wesentlich von der Person des Vorgesetzten und einer erforderlichen Vertrauensbasis ab. Außerdem kann auf der Grundlage folgender Überlegungen entschieden werden: Ist Ihr Chef auch Ihr Mentor hat das erst einmal den Vorteil, dass Sie damit die Chance haben, regelmäßig und mit direktem Bezug auf Ihren Aufgabenbereich beraten, gecoacht und unterstützt zu werden. Außerdem haben Sie dann den Vorteil der bereits intakten Sichtbarkeit Ihrer Fähigkeiten bei Ihrem Vorgesetzten. Allerdings sind Ihre Fragen und Themen, die Teil des Mentorings sind, dann eben nicht anonym. Auch werden Ihrem Chef Ihre Schwächen sichtbarer. Wenn er damit souverän umgehen kann, ist das kein Problem. Wenn er aber Mentoring und Führungsperson nicht ganz trennen kann, macht es mehr Sinn, sich einen externen Mentor zu suchen. Hinzu kommt der Umstand, dass Ihr Chef auch nur ein Mensch ist und natürlich immer abwägen muss, welchen Vor- oder Nachteil er daraus hat, Sie zu befördern bzw. an eine andere Institution zu empfehlen respektive Sie und Ihre Arbeitsleistung zu verlieren.

Ein externer Mentor hat dagegen den Vorteil, dass er zumindest kurzfristig nichts davon hat, Sie zu unterstützen. Er hat aber auch den Nachteil, dass er Sie nie konkret im Tagesgeschäft erleben wird und somit nur einen begrenzten Einblick in Ihre Fähigkeiten bekommen kann.

Nun ist und bleibt es für starke Frauen immer eine echte Herausforderung, einen guten Mentor zu finden, denn dieser muss Ihre Stärke annehmen und damit umgehen können. Er muss die Souveränität besitzen, sich ernsthaft und sehr fokussiert mit Ihnen zu beschäftigen und Sie wirklich positiv und fördernd zu beraten. Diese Souveränität bei männlichen oder weiblichen Führungskräften zu finden, ist eine Herausforderung. Sie können sich über Mentoringprogramme großer Unternehmen, soziale Netzwerke informieren oder über persönliche Empfehlungen bzw. persönliche Ansprache einen Mentor suchen.

Hilfreich kann es auch sein, auf ältere Kollegen im Betrieb zuzugehen, die Sie sehr schätzen, die aber in anderen Bereichen agieren. Suchen Sie sich einen männlichen Mentor, dann sollte er einer jener Sorte sein, die sehr souverän mit herausragenden weiblichen Arbeitnehmerinnen umgehen kann. Sprechen Sie zwei bis drei Mal mit demjenigen. Ihre Intuition wird Ihnen dann sicher sagen,, ob Sie einen guten Mentor gefunden haben oder ob Sie weitersuchen sollten.

Entlarven Sie Grützgurken!

Leider ist mir ein Phänomen in meinem ja eigentlich noch nicht so langen Berufsleben immer wieder begegnet, Grützgurken in der Arbeitswelt – auch in Chefetagen. Was machen die da? Wer hat die Verbrechen begangen und diese Grützgurken dorthin befördert bzw. eingestellt? Und wie kann man diesen Grützgurken Fach- und Personalverantwortung geben? Eine Straftat sollte das sein! Nun möchte ich aber nicht missverstanden werden: es gibt verdammt viele tolle und fähige Unternehmer, Vorstände, Aufsichtsräte, Geschäftsführer und Führungspersönlichkeiten. Aber: es gibt leider viel zu viele Grützgurken in Chefetagen und das ist nicht nur ungerecht allen potenziell fähigen Führungskräften gegenüber, sondern auch ein volks- und betriebswirtschaftliches No Go.

Meine persönlichen Beobachtungen zu diesem Phänomen decken sich auf alle Fälle mit den empirischen Untersuchungen und den dazu gehörigen theoretischen Unterlegungen. Viele Männer (vermutlich selbst Grützgurken) befördern Weicheier, Kleine-Männer und Grützgurken männlicher Spezies, damit sie

1. *Erfüllungsgehilfen für ihr Tun und ihren Glanz haben,*
2. *keine Leute direkt unter sich haben, die an ihrem Stuhl sägen könnten und*
3. *absolut berechenbare Führungskräfte haben, da gerade Grützgurken sehr gerne Befehlsempfänger sind.*

Das Schlimme ist aber ja; wenn auch nur in 30 Prozent der Führungsfunktionen Grützgurken sitzen sind das 30 Prozent der Positionen, die nicht von kompetenten, leistungsstarken Männern und Frauen besetzt werden. Ja, wie soll denn die Gläserne Decke jemals durchbrochen werden? Und wer erzählt uns in der Schule oder an der

Universität den Unsinn, dass nach Leistung und Kompetenz befördert wird? Viel sinnvoller wäre es, uns darauf vorzubereiten, dass eben nicht (nur) Fachkompetenz zählt, sondern vor allem Netzwerk, Mitläufertum und männerdominierte Spielregeln.

Umso schöner ist es aber, wenn Sie eine Funktion ausüben, in der Sie den Grützgurken den Garaus oder zumindest das Leben schwer machen können. Sie können dank Funktion und Macht dieser unsäglichen Beförderungspraxis zumindest in Ihrem Wirkungsbereich ein Ende bereiten. Dazu wiederum brauchen Sie Verbündete und Allianzen und Geduld und natürlich einen langen Atem für die Widerstände und die Menschen, die die Grützgurke ja befördert hatten und nun um einen Ansehensverlust fürchten. Schließlich degradieren Sie ja mit einer Grützgurkendegradierung aufgrund von Nichtleistung auch die in ihren Fertigkeiten, die den Fehler begangen haben, die Grützgurke zu befördern.

Hier habe ich viele Anrufe bekommen und mit der mir eigenen Naivität in der Stimme der Wölfin im Schafspelz deutlich gemacht, warum die Grützgurke zu degradieren ist und dass ich nicht bereit sei, die Verantwortung für das Tun bzw. Nichttun der Grützgurke zu übernehmen. Auf die Frage an den Anrufer, ob er denn eine bessere Idee dank seines Erfahrungsreichtums für diese, meine natürlich schwierige Situation hätte, habe ich dann keine sinnvolle Antwort erhalten. Damit habe ich den Beförderer mit seinen eigenen Waffen geschlagen, nämlich mit der gespielten Naivität am Telefon. Die Wölfin im Schafspelz bleibt unerkannt und kann sich diebisch über ihr Tun freuen.

Wenn Sie aber nicht in der komfortablen Lage sind, Grützgurken zu entmachten, fahren Sie entweder die Umarmungsstrategie oder ignorieren Sie sie weitestgehend und stärken Ihre Allianzen, um Ihr Terrain abzusichern.

Immer wieder passiert es uns Frauen, dass ein Kollege oder Chef uns fragt: warum ist dieser Fehler passiert? Wer hat den Mist verzapft? Was tun wir dann? Und was machen wir? Wir nehmen diese Fragen gerne mal persönlich. Wir reagieren gerne zuerst mit dem Gedanken: was habe ich falsch gemacht? Was habe ich vergessen? Dabei gehen wir dem Kollegen oder Chef auf den Leim – denn sie wissen, wie sie eine Schuldige finden, Frau emotional ansprechen und Frau zu Höchstleistungen animieren und sich gleichzeitig gut fühlen.

Wir Mädels aber nehmen die Fragen erst einmal persönlich und begeben uns auf die emotionale Ebene. Was folgt? Wir fühlen uns zumindest kurzzeitig schlecht. Doch warum ist das eigentlich so? Warum lassen wir das zu? Kein Mann würde so reagieren, denn Mann lernt in früher Kindheit, dass immer die andere(n) Schuld haben (müssen).

Das zu erkennen, war mein erster Schritt, um das Muster aufzudecken, aufzubrechen und Distanz aufzubauen. Ich habe es mir abgewöhnt, mich auf die emotionale Ebene führen zu lassen – egal wie groß die Versuchung ist. Ich habe lange geübt, um nicht mehr zu denken: was habe ich schlecht oder falsch gemacht? Sondern begonnen die Frage zu verändern: was ist schief gelaufen, wer hat das zu verantworten und warum bzw. wie kann der Fehler behoben werden?

Und bei den Grützgurken-Kollegen drehe ich den Spieß um mit Gegenfragen, knappen Antwortsätzen und sachlich bleiben. Die meisten Grützgurken sind überfordert mit den W-Fragen, das gibt Ihnen Zeit und Aktionsmöglichkeiten, zum Beispiel um den Spieß umzudrehen und über W-Fragen herauszufinden, wie der Fehler in Wirklichkeit entstanden ist. Dabei ist es sehr hilfreich, sich das Thema des Kollegen nicht zu Eigen zu machen. Distanz ist wichtig und die klare Erkenntnis: es ist nicht mein Problem, sondern Deins! Das ist aber nur der erste Schritt. Genauso viel Übung braucht es nämlich, um sich dann nicht auf dem Nachhauseweg schlecht zu fühlen, weil wir so klar und deutlich Nein gesagt haben. Es ist das Problem des Kollegen und nicht Ihres und es ist okay, Nein zu sagen. Das dürfen wir! Wir wollen nicht manipuliert werden und wir sind nicht verantwortlich für die Aufgaben und Fehler der Kollegen!

Wenn Sie nicht direkt und klar sagen können: das ist Ihr Thema, lieber Kollege, natürlich mit einem sehr charmanten Lächeln und einer klaren Körpersprache, kann ich für den Übungsweg dahin folgende Tipps geben. Die haben mir immer wieder geholfen:

- *Zeit gewinnen, indem Sie nicht sofort antworten, sondern sich erst einmal aufrecht hinstellen, dem Kollegen entgegen gehen.*
- *Klare Körpersprache mit geradem Rücken.*
- *Sprechen Sie in kurzen Sätzen und stellen Sie Fragen, um Ihre Gedanken zu sortieren.*
- *Lächeln Sie, damit der Kollege nicht hinterhältig wird und Sie weiterhin unterschätzt.*
- *Geben Sie ihm kurz einen Tipp für das weitere Vorgehen, beenden damit das Gespräch und gehen wieder an Ihren Arbeitsplatz.*

Hüten Sie sich vor Energievampiren!

Ich bin naiv. Ich dachte immer – und so wurde ich schon erzogen -, dass es eine Selbstverständlichkeit ist, sich im Job anzustrengen, sein Bestes zu leisten und den ganzen Tag über konzentriert und ergebnisorientiert zu arbeiten. Klar hängt vieles daran, wie Frau organisiert ist. Das entscheidet nicht unwesentlich, wie am Abend die Arbeitsbilanz des Tages aussieht. Und damit meine ich nicht nur die sachliche im Sinne von „was ich heute geschafft habe“, sondern auch die persönliche Arbeitsbilanz im Sinne von „wie ist meine Zufriedenheit mit dem Geschafften am Abend?“

Klar hängt auch viel daran, wie viel Arbeit auf Ihrem Tisch landet. Und wie viele Zusatzaufgaben Sie so nebenbei am Wegesrand aufsammeln. Ich vermute, Sie sind da genauso wie ich und haben eine überdurchschnittliche Arbeitseinstellung. Das heißt, Sie planen Ihr Tagespensum und verzichten lieber auf Mittagspause oder Sport am Abend als dieses Pensum nicht zu schaffen. Das führt dann natürlich dazu, dass nicht nur Ihre Bilanz des Tages überdurchschnittlich ausfällt, sondern dass auch andere merken: Die schafft ja richtig was weg. Daraus kann sich dann ein Teufelskreis entwickeln, denn wie ein Magnet werden Sie immer mehr Arbeit, Zusatz- und Sonderaufgaben anziehen. Denn allen ist klar, mit Ihnen kann sich der Chef ja darauf verlassen, dass nicht nur die Arbeit gemacht wird. Das ist ja schon viel wert. Nein, die Aufgaben werden auch noch sehr gut und zuverlässig hochwertig erledigt.

Mit Ihnen hat daher jeder Chef das große Los gezogen: Sie sind intelligent, fleißig, leistungsorientiert und verdammt gut organisiert. Sie fragen nicht: „kann ich mal weniger ToDos bekommen? Können nicht die Kollegen auch was übernehmen?“ Nein, Sie werden sich fragen: „wie organisiere ich meinen Tag, um meine Arbeit fertig zu bekommen und das vor 22 Uhr?" Durch diese fortlaufende Selbstperfektion lernen wir Frauen viel. Ich wurde eine super organisierte Arbeiterin. Meine Chefs bekamen viele Lorbeeren und gaben mir noch mehr Arbeit. Als ich dann doch mal sagte: „die Anderen könnten ja auch mal arbeiten!" antwortete mein Chef lächelnd: „das ist der Fluch der Guten; sie bekommen immer mehr Arbeit!" Sehr lustig und ja, ich war naiv.

Bis ich meine Arbeitseinstellung änderte und mehr auf Networking und die Spielregeln der Führung und der Macht schaute dauerte es dann aber noch einige Jahre. Und erst als ich mich geistig unterfordert fühlte, zeitlich weiterhin gut verplant war und gesundheitlich leichte Schwächen auftraten, merkte ich, dass da die Balance nicht stimmte.

Irgendwann wurde auch ich erwachsen, denn meine Batterien leerten sich zusehends. Ich bekam Nebenhöhlenentzündungen, Magen-Darm-Geschichten und ich war müde. Da kam dann die Erkenntnis: es ist ja gut, dass Du einen hohen Anspruch an Deinen Arbeitseinsatz und ein hohes Leistungspensum hast, aber wem nützt das? Es nützte meinem Chef, der sich mit den Ergebnissen brüsten konnte und eine Rund-um-die-Uhr-Arbeiterin hatte, die viele private Verabredungen absagte, wenn ein neues Projekt kam. Mein Chef wurde zum Energievampir. Als Dank motivierte er mich zu „höher - schneller – weiter" mit einer Gehaltserhöhung und einer Portion Vertrauen. Ich mache ihm daraus keinen Vorwurf. Schließlich reichte ich ihm freiwillig die ganze Hand und nicht nur den kleinen Finger. Ich habe ja selbst Schuld gehabt.

Ich selbst habe es zugelassen, ihm meine Energie zur Verfügung zu stellen. Das kann aber ja kein Leben sein, dachte ich mir irgendwann und begann, mich zu distanzieren und regelmäßig am Abend meine Verabredungen oder Sporttermine umzusetzen oder mittags eine Pause außer Haus zu machen. Das tat gut und gab mir meine Life-Balance zurück. Etwas spät, aber immerhin.

Energievampire gibt es überall, egal ob im Berufs- oder im Privatleben, egal ob als Chef, Kollege oder Mitarbeiter. Daher vermute ich, dass Ihnen diese Erfahrung ansatzweise bekannt vorkommt. Ich denke, es macht Sinn, sich vor Energievampiren zu hüten und einen distanzierten Status zum Job zu finden. Das heißt jetzt nicht, dass Sie stets Urlaube im Büro buchen oder privat im Internet surfen sollen. Schauen Sie einfach mal genauer hin und nehmen es nicht als selbstverständlich hin, stets überdurchschnittliche Leistungen in Qualität und Menge zu liefern. Sie müssen nicht unentbehrlich sein und ohne Rast immer mehr leisten bis Sie sich selbst überholt haben und sich wundern, warum es Ihnen nicht richtig gut geht, warum Ihre Balance ins Wanken gerät.

Nicht wenige Frauen, die ich kenne, die nicht hinschauen konnten oder wollten, haben heute ernsthafte Krankheiten. Und da frage ich mich, ob ein Job es wert ist, krank zu werden? Ich denke nein. Und nicht der Energievampir ist schlecht und schuldig. Er handelt nur menschlich. Er kann nicht anders. Nur wir selbst können etwas an unserer Lage, unserer Einstellung und unserem Einsatz ändern. Wir tragen die Verantwortung für unser Leben und unser Wohlbefinden. Es ist daher an uns zu entscheiden, wie viel unser Umfeld an Fertigkeiten und Fähigkeiten von uns bekommt. Nicht mehr und nicht weniger.

Und wenn Sie die Augen offenhalten und Energievampiren aus dem Weg gehen, dann finden Sie eine gute Balance zwischen Arbeitsanspruch und Arbeitseinsatz.

Spielen Sie mit dem Kleine-Mann-Syndrom!

Kennen Sie das Buch von Margit Schönberger: Mein Chef ist ein Arschloch, Ihrer auch? (2004). Nun ich wette, die Autorin spricht von männlichen Vorgesetzen mit einer Körpergröße von max. 1,75m. Ich bin 1,78 m und trage gerne höhere Absätze, so dass ich im Berufsdress mit einer Größe von rund 1,85 m aufwarten kann. Okay, damit ist der überwiegende Teil der inländischen Männer ein vergleichsweise kleiner Mann. Und leider verhalten sich nicht wenige so, als hätten sie das Kleine-Mann-Syndrom. Ich vermute, Sie wissen, was ich meine und Sie kennen ebenfalls Vertreter dieser Spezies. Ich habe das Verhalten, das ich das Kleine-Mann-Syndrom nenne, nie an großen Männern erlebt, Sie etwa?

Ganz wesentlich zeichnet den Mann mit dem Kleine-Mann-Syndrom allein schon der Versuch aus größer zu wirken. Wenn der Kleine-Mann neben Ihnen steht, streckt er sich und steht kerzengerade mit leicht überdrehtem Hohlkreuz. Ihn zeichnet zudem aus, dass er meist sehr charmant sein kann, wenn er etwas erreichen will,

- *sei es, Sie einlullen, damit Sie ihm Arbeit abnehmen,*
- *sei es, weil er Sie ins Bett bekommen will oder*
- *sei es, dass er einfach nur Alphatier spielt und sich im Ranking ganz oben fühlen will.*

Bis zu diesem Punkt können Sie wunderbar einfach mit dem Kleinen-Mann umgehen, wenn Sie einfach charmant aber distanziert sind und rechtzeitig äußern, was Sie (nicht) wollen. Gerade bei diesen Herren können Sie außerdem das männliche Ego wunderbar stärken, indem Sie ihm durch Aufmerksamkeit das Gefühl geben, dass er ein Toller ist. Und da der Kleine Mann mit dem Kleine-Mann-Syndrom es schätzt, wenn er Aufmerksamkeit von einer Frau bekommt, schätzt er es auch, wenn Sie ihn als Vorgesetzten haben und ihm so zuarbeiten, dass er glänzen kann. Aber bereits in dieser Konstellation, dass er Ihr Vorgesetzter ist, rate ich zur Wachsamkeit. So schnell können wir oft gar nicht schauen, wie er zum Energievampir wird und uns mit Arbeit belädt oder wenn er Kollege ist, dass er Ihnen seine Arbeit auf den Schreibtisch geladen hat, weil er dazu keine Lust oder keine Befähigung hat. Gern klaut er auch Ihre Projektideen und verkauft sie als seine eigenen oder überzeugt den Chef davon, dass Sie die Richtige für die Zusatzaufgaben und Überstunden sind.

Von solchen Kollegen sollten Sie sich dann fernhalten, wenn Sie Zusatzaufgaben und Überstunden vermeiden wollen. Denn wortgewandt sind die Herren gerne und noch eitler als der Durchschnitt der männlichen Spezies. Wenn Sie also wachsam sind und darauf achten, dass Sie eben nicht die Dumme sind, die die ganze Arbeit für den Vorgesetzten oder gar den Kollegen macht, sondern schauen, dass Sie ebenfalls klappern und die Arbeit gerecht verteilt wird bzw. der Kollege schön seine Arbeit selbst macht oder aber bemerkt wird, dass er diese nicht erledigen kann, dann ist schon viel gewonnen. Denn dann haben Sie sich geschützt vor dem energieraubenden Wesen dieser Männer.

Wunderbar können Sie den Spieß umdrehen. Da er dank Ihrer Freundlichkeit und seiner Eitelkeit meint, er könnte Sie für seine Zwecke nutzen, wird er auch gerne mit seinem Wissen glänzen. Fragen Sie ihn also aus und nutzen seine Expertise für Ihre Projektideen, die Sie aber natürlich für sich behalten. Und gehen Sie mit einem mädchenhaften Lächeln auf ihn zu, wenn Sie Arbeit loswerden wollen, und sagen: „Ich habe da ein Problem, da können Sie mir mit Ihrer Erfahrung doch bestimmt helfen, oder?“ Das klappt fast immer, wenn es gelingt, dass er das Gefühl bekommt, er sei der Superheld und ohne ihn gehe gar nichts.

Die unangenehmste Eigenschaft des Kleinen-Mannes mit dem Kleine-Mann-Syndrom ist leider sein Jähzorn und sein cholerisches Verhalten. Meine These ist ja, dass dieses von mangelndem Selbstbewusstsein herrührt, auch wenn er in der Regel wie ein großer Zampano auftritt und so tut, als sei er selbstbewusst und ganz groß (körperlich wie geistig). Jähzorn und Cholerik machen diese Form von Mann meist unerträglich und auch gefährlich. Und somit gilt erhöhte Wachsamkeit. Denn die Gefahr besteht, dass Sie eines Tages zum Adressaten seiner Wutausbrüche werden, die einfach nur einem dienen: er will sich besser und größer fühlen.

Schwieriger ist die Lage natürlich, wenn der Kleine-Mann Ihr Vorgesetzter ist. In der Regel versuchen Vorgesetzte nicht, sich sexuell zu nähern – auch wenn dies immer wieder vorkommen soll. Zum Einen können Sie das fehlende Ego des Mannes dafür nutzen, sichtbar zu werden. Sprechen Sie ihn an auf freundliche Art und indem Sie ihm das Gefühl geben, ihn zu bewundern und von Nutzen zu sein. Seien Sie ein wenig mehr Frau und schenken ihm Aufmerksamkeit und Freundlichkeit. Und dann nutzen Sie die Gelegenheit, die ein oder andere Idee anzubringen und gleichzeitig deutlich zu machen, dass nur Sie (und eben nicht der Kollege mit dem Kleine-Mann-Syndrom) diese Ideen zum Nutzen des Vorgesetzten und des Unternehmens umsetzen können.

Soweit die Lage und Laune des Chefs gut ist, ist ja alles fein. Problematisch ist das Kleine-Mann-Syndrom dann, wenn etwas nicht so läuft, wie er es sich vorstellt. Das muss nicht einmal berufliche Gründe haben, das kann auch die rote Ampel am Morgen gewesen sein. Dann wird der Kleine-Mann gerne zum ausgeprägten Choleriker, der laut brüllt und mit dem Fuß wie ein Kleinkind auf den Boden stampft.

Auch soll es soweit kommen, dass das ein oder andere Exemplar anfängt, vor Wut zu sabbern und mit Dingen zu werfen. Einige dieser

Exemplare, so wurde mir zugetragen, meinen das Anbrüllen, Sabbern, Stampfen und unverständliches Zeug brüllen zwar nicht persönlich. Ich würde diese Attacken, selbst wenn Kollegen die Brüller oder das Ziel des Brüllens wären aber sehr wohl persönlich nehmen. Denn natürlich ist ein solches Verhalten absolut respektlos und inakzeptabel.

Nun werden Sie einwerfen, solche Chefs halten sich doch nicht lange. Ich frage zurück: Sind Sie sicher? Nun, wie also können Sie mit einem solchen Chef mit dem Kleine-Mann-Syndrom umgehen außer innerlich zu kündigen, ihn anzuzeigen oder zur Hülle zu werden?

Schwierig ist das und sicher auch situationsabhängig. Mal ist es schon möglich, klar zu sagen: „wir reden dann weiter, wenn Sie sich beruhigt haben." Natürlich können Sie auch beschämt nach unten schauen. Mal kann es glücken, das Brüllen abprallen zu lassen und zu ignorieren. Hilfreich kann es sein, dem Brüller in die Augen zu schauen und zu lächeln und ganz ruhig zu bleiben und sachlich zu antworten oder auch den Raum zu verlassen. Das irritiert ihn meist oder reizt seine Tobsucht meist noch stärker. Schließlich verhält er sich schon wie ein wildgewordener Stier, der nur noch rot sieht und sich erst besser fühlt, wenn er alle rund gemacht und klein gekriegt hat.

Auch hier stellt sich einmal mehr die Frage, wo Ihre persönliche Grenze der Akzeptanz solchen Fehlverhaltens liegt. Mir ist es immer wichtig, morgens in den Spiegel schauen zu können und kein Arbeitgeber hat das Recht, einen Menschen nieder zu machen und jenseits jeglicher Umgangsformen zu behandeln und seine Macht derart zu missbrauchen.

Ja, es gibt Spielregeln im Job. Es gibt Spielregeln im Umgang mit Chefs, Kollegen, Mitarbeitern oder Geschäftspartnern. Und es gibt Regeln im Privatleben. Wer hat diese Regeln gemacht? Im Berufsleben definitiv der Mann als Rudelwesen. Daher haben wir auch die gläserne Betondecke bekommen. Und nicht umsonst gibt es auch noch die 10

Gebote in der Bibel und das Grundgesetz in der Republik. Wenn wir keine Regeln hätten, dann würden wir noch wie die Hottentotten aufeinander eindreschen und morden und meucheln, was das Zeug hält.

Heute sind wir ein wenig zivilisierter und alle haben bestimmten Spielregeln zu folgen. Man darf nicht hinschauen, wenn Chef mit der Sekretärin was hat, wenn die Kollegin heimlich trinkt oder eine formal zulässige, wenn auch moralisch verwerfliche Zahlung an Partner geleistet wird. Schlimmer wird es dann noch, wenn man wegschaut, wenn Kollegen gemobbt werden oder es eben zur Normalität wird, wenn der Chef seine Mitarbeiter aufs Übelste anbrüllt, ihnen droht, sie ignoriert und Parallelstrukturen aufbaut, weil er selbst völlig unfähig ist, zu führen.

Eigentlich gibt es zwar das Strafgesetzbuch oder das BGB, aber am Ende verklagt kaum jemand seinen Arbeitgeber, wenn man doch selbst ein gutes Einkommen und viel Prestige hat. Da schauen die meisten Menschen doch lieber weg. Auch wenn wir uns eigentlich nicht vom Chef anbrüllen oder schikanieren lassen sollten; auch wenn es nicht okay ist, wenn er mit einer Untergebenen eine Beziehung unterhält, lassen wir es ihm doch durchgehen. Wir sind entweder großzügig und sagen uns, okay, der Arme hat Stress, das muss ja mal raus oder wir sind schon abgestumpft, weil er ja immer brüllt oder seiner Geliebten den Vorzug gibt, keine ganzen Sätze mehr sprechen kann vor Wut oder eh kein Dialog möglich ist.

Ich aber habe bislang niemanden kennengelernt - und das ist ja auch menschlich - , der seine Karriere geopfert hat, indem er den Chef oder einen Kollegen angezeigt hat. Dazu ist die Angst zu groß und es scheint mir eher normal zu sein, dass Menschen sich ein derartiges cholerisches und beleidigendes Verhalten antun als sich dagegen zu wehren bzw. sich dieses zu verbitten. Und wenn der Chef ein solcher Choleriker ohne Manieren und mit dem Kleine-Mann-Syndrom ist, dann werden viele Mitarbeiter zu maskierten, scheinbar emotionslosen Hüllen, die lieber krank werden oder innerlich kündigen.

Aber wir reagieren doch direkt und unmittelbar. Entweder indem wir den Knopf drücken, der den Kleinen-Mann noch wütender macht und wir uns darüber amüsieren. Wir können mit den Augen rollen und ihm damit signalisieren, wie blöd er eigentlich ist. Wir können versuchen, ihn zu beruhigen. Oder aber wir werden rot vor Scham, weil Ihnen der Kleine-Mann peinlich ist. Gerne ignoriert werden auch körperliche Reaktionen wie Durchfall, Kopf- oder Rückenschmerzen. Wir versuchen zu ignorieren, indem wir den Blick senken, das Deo versagen lassen und derartig unwürdiges Verhalten in uns reinfressen. Mit 50 bekommen wir einen Herzinfarkt oder den ein oder anderen Hörsturz oder die neudeutsche Lieblingsdiagnose Burn Out.

Denn ob wir wollen oder nicht, egal wie cool oder abgestumpft wir sein wollen. Unser Körper und unsere Seele reagieren! Gern genommen ist auch Angst: die Angst angebrüllt zu werden, die Angst schikaniert zu werden, die Angst eine Abmahnung zu bekommen oder einen Fehler zu machen. Gefolgt von der Angst, keine Karriere mehr zu machen, Angst um das gute Einkommen, die Visitenkarte, die Angst um die Sonderzahlung oder die Freiheiten des täglichen Lebens und natürlich die Annehmlichkeiten, die das Einkommen außerhalb der Arbeit mit sich bringen. Diese Ängste werden nur allzu gern genutzt und wir sind nicht nur zu höflich, sondern was auch immer, um uns zu wehren und die Konsequenzen zu ziehen.

Vielleicht wäre es ja erfolgreich gewesen, fragen wir uns, sich bereits beim ersten Mal Brüllen des Kleinen-Mannes, das Brüllen zu verbitten und vielleicht hätte er dann nie wieder so gebrüllt? Irgendwann ist der Punkt aber natürlich verpasst. Und so meint Chef, wir gäben ihm den Freibrief, dass er brüllen darf wie er will. Sind wir uns selbst so wenig wert, dass wir anderen Menschen, mit denen uns ausschließlich ein Arbeitsvertrag verbindet, zugestehen, uns wie den letzten Dreck zu behandeln? Ist der Euro Einkommen es wert, dass wir uns schikanieren lassen? Steht in Ihrem Arbeitsvertrag, dass Ihr Arbeitgeber Sie anbrüllen oder mobben darf? Ich habe in meinem lange gesucht, darin aber keinen entsprechenden Passus gefunden.

Warum steht eigentlich in Arbeitsverträgen keine Pflicht des Arbeitgebers, dass er respektvoll, wertschätzend mit seinen Mitarbeitern umzugehen hat, ihn weiterentwickeln soll und ihn vor einem Burn oder einem Bore Out zu schützen hat? Stattdessen steht dort oft, dass der Arbeitnehmer nicht über sein Gehalt oder Firmeninterna sprechen darf und auch über zwischenmenschliche Beziehungen zu schweigen habe.

Ich meine mittlerweile: kein Mensch hat das Recht, uns zu schikanieren, uns anzubrüllen. In keinem Arbeitsvertrag steht, dass wir uns unsere wöchentliche Dosis Brüllen abholen müssen und bitte so höflich sein sollen, Chef nicht anzuzeigen und das Verhalten als Mobbing zu deklarieren oder auch negative Repressalien aufgrund des Sich-Wehrens akzeptieren müssen. Ich denke, die Zeiten sind vorbei, dass wir uns wie im Mittelalter verhalten müssen, wo Widerspruch noch mit Auspeitschen geahndet wurde.

Verbitten Sie sich schlechtes Führungsverhalten, führen Sie Protokoll über die Schikanen des Kleinen-Mannes. Sagen Sie ihm klar und deutlich bereits beim ersten Brüllen, dass Sie dieses nicht tolerieren und akzeptieren können. Klar müssen Sie sich dann irgendwann einen neuen Arbeitgeber suchen, aber das sind Sie sich selbst schuldig und wert! Kein Arbeitgeber darf mies mit Ihnen umgehen und das wird erst aufhören, wenn wir die Spielregeln neu regeln, genau hinschauen und transparent machen, was sich solche Herren erlauben.

Wenn es also häufiger vorkommt, dass der Kleine Mann brüllt und austickt und es nichts nützt, sich dieses Verhalten zu verbitten, dann hilft selbstredend nur noch eine Anzeige oder ein Jobwechsel. Love it, Change it or Leave it.

Aber auch dazu gibt es interessante Verhaltensweisen schlechter Führung:

Stellen Sie sich vor, Sie kündigen und alle ignorieren dies wie der Affe, der nichts hören und nichts sehen will. Es war ein Montag, an dem eine Frau kündigen wollte. Wie es sich gehört – sie ist ja gut erzogen – erst mit einem Gespräch mit ihrem Chef und dann mit dem formalen Akt der Abgabe des Kündigungsschreibens in der Personalabteilung. Weil aber ja „unartige" Mitarbeiter durch Nichtachtung gestraft werden, auch wenn sie im Chefbüro hinterlassen, dass dringender Gesprächsbedarf besteht (vielleicht hätte sie der Sekretärin sagen sollen: ich werde kündigen und würde das doch dem Chef gerne direkt sagen, ginge das bitte?), kommt es nicht dazu. Ihr Chef steht lieber am Fenster oder geht dann Einen trinken.

Am Mittwoch reicht es Frau dann. Sie schreibt einen kurzen persönlichen Brief an Chef und gibt in der Personalabteilung ihre Kündigung ab. Nichts passiert. Still ruht der See.

Okay, wir wissen heute: ihre Erwartungen waren viel zu hoch. Wie kommt sie dazu zu meinen, dass sie wertgeschätzt und anerkannt werde, wo sie doch nur alles daran gesetzt hat, dass die Firmenleitung sensationell gut da steht, mit tollen Projektergebnissen oder öffentlichen Auftritten oder gar der Idee einer Festschrift zum Geburtstag glänzen konnte? Ja, dieser Prozess des Kündigens hat ihr viel Naivität genommen und sie weiß nun, dass viele Erwartungen nicht erfüllt werden und Wertschätzung offenbar altmodisch ist.

Eine Woche später gab es dann eine Rücksprache zwischen der Frau und ihrem Chef. Da war sie auch schon viel ruhiger und über die Enttäuschung des Ignorierens hinweg. Sie war vor allem ganz ruhig als der Chef versuchte, sie schlecht zu machen und seiner Enttäuschung über sie Ausdruck zu verleihen – fies und verletzend. Sie war sehr stolz auf sich, weil sie geantwortet hat, dass er sie sehr enttäuscht habe und die Rahmenbedingungen nicht mehr so sind, dass sie für ihn arbeiten möchte. Wochen später erfährt sie dann, dass er den Personalleiter angebrüllt hat, warum sie bei ihm und nicht bei Chef gekündigt habe. Der Personalleiter antwortete dann wohl nur trocken: naja, sie hat es wohl mehrfach versucht. Danach ruht still der See.

Sechs Wochen später ruft Chef sie dann in sein Büro und fragt: und? Sie: was denn und? Er fragt, ob sie es sich anders überlegt habe. Sie sagt, sie wüsste nicht warum und dann fängt er wieder an, wie enttäuscht er über sie sei. Sie antwortet, wie enttäuscht sie über ihn sei. Er sagt, sie dürfe nicht über ihre Kündigung reden, das stünde in ihrem Arbeitsvertrag. Sie sagt, den Passus kenne sie nicht, aber sie würde ihren Anwalt fragen, denn natürlich müsse sie kommunizieren, dass sie einen neuen Job suche. Chef antwortet: aber dann müsse sie ja nicht sagen, dass sie gekündigt habe. Sie antwortet: doch, denn sie muss ja sagen, ab wann sie Zeit habe. Still ruht der See.

Sie vereinbaren Schweigen für zwei Monate. Als sie danach kommuniziert, brüllt er nochmals, sie verstoße gegen ihre arbeitsvertraglichen Pflichten. Er erzählt Dritten, dass sie schlecht und überfordert gewesen sei. So lernt Frau kleine Männer kennen. Als dann aber ein großes Fest stattfindet, wird sie von jedem Zweiten auf ihre Kündigung angesprochen und „man wisse ja, wer der Grund sei". Gratuliert wird ihr auch häufiger.

Eine andere traurige Anekdote ergänzt das Kompetenzportfolios des Kleinen Mannes: Eine Mitarbeiterin spricht Chef darauf an, dass sie sich beruflich weiterentwickeln möchte und sich über Chefs Unterstützung freuen würde. Was sagt Chef? „Sie sind über 50 Jahre alt und eine Frau. Was wollen Sie denn noch, was erwarten Sie denn noch?"

Keine Sorge, es wird noch besser. Einer anderen Kollegin hat er vorgeworfen, sie würde ihn vergiften. Dabei brüllt er ein ganzes Restaurant zusammen.

Dritte sagen zu Recht: so führt man doch kein Haus – der Typ verbreitet ja Angst und Schrecken. Still ruht auch dann der See.

Was ist die Moral aus der Geschichte? Müssen wir die Schikane und den Schrecken, den ein Chef verbreitet, unteres Mittelmaß und geistige Unterforderung akzeptieren, weil Mann die Rudelplätze als Gottgegeben hinnimmt und als unabänderbar ansieht? Nein, müssen wir nicht!

Klar sind die Menschen ohne Rückgrat in der Mehrheit im System. Nur so kann so etwas ja auch geschehen. Das heißt aber, dass wir durchaus die Möglichkeit haben, etwas zu verändern, indem wir die Dinge nicht als unabänderlich ansehen und Kontrapunkte setzen, indem wir unartig sind und Regeln brechen.

Möglichkeiten hat jeder von uns. Sei es, dass wir konstruktive Widerworte geben, uns zu Wort melden, wenn wir eine Meinung haben anstatt dem Chef - nur weil er sonst brüllt - klein beizugeben. Sei es, dass wir uns ein berufliches Umfeld schaffen, indem wir unser Hirn benutzen dürfen oder indem wir zu radikalen Maßnahmen wie einer Kündigung greifen, weil wir auch Morgen noch in den Spiegel schauen möchten und weil wir uns selbst mehr Wert sind als das monatliche Einkommen und der Psychoterror.

Wenn wir gegen schlechte Chefs nichts unternehmen, befördern die Schlechten andere Schlechte und demotivieren all die Guten, Engagierten und Kreativen, von Krankwerden mal ganz abgesehen. Nur Mut! Mit Werten, Rückgrat und Moral sind Institutionen auch führbar und das auch viel erfolgreicher als mit Brüllen, Schrecken oder Vetternwirtschaft.

Nun schauen Sie sich Ihr Umfeld und Ihre Motivatoren mal ganz genau und sehr objektiv an. Schauen Sie hin, warum Ihr Chef aus Ihnen Höchstleistungen kitzelt oder ob nicht Menschen um Sie herum sind, die viel eher gute Menschen sind, als die für die Sie sich den Hintern aufreißen. Konzentrieren Sie Ihre Kraft und Ihren Einsatz!

Ignorieren Sie Zicken!

Es gibt zwei Arten von Frauen: die tollen Faszinierenden und die bösartigen Missgünstigen. Erstere unterstützen sich gegenseitig und knüpfen gute Allianzen. Letztere bremsen andere Frauen (auch gerne Männer) aus, testen sie auf 150 Prozent und lassen sie fallen wie eine heiße Kartoffel, wenn es ihnen gerade zu heikel wird und sie um ihre eigene Gunst beim Chef fürchten (was ziemlich häufig vorkommt). Sie schicken Sie durch Intrigen, Lästereien und Anschwärzen bei Kollegen und beim Chef, um Sie kleiner zu machen und sich selbst größer zu fühlen. Das sind gefährliche Zicken, denen wir so weit es geht aus dem Weg gehen sollten.

Nun möge Frau so klug sein, diese bösartigen Wesen zu meiden. Doch das ist leider nicht immer möglich. Zum Beispiel dann, wenn die Zicke eine Querschnittsfunktion hat oder wenn Sie sie brauchen, um Mehrheiten für eine Entscheidung zu finden. Bei letzterem Ziel hilft nur: Augen zu und durch - seien Sie eine Königin. Fahren Sie eine Umarmungsstrategie und behandeln die Zicke als wäre sie eine der tollen, faszinierenden Frauen. Okay, mir ist klar, dass Sie das erhebliche Mühe kostet, und Sie alle schauspielerischen Fähigkeiten einsetzen müssen. Aber ich verspreche Ihnen: Sie werden gewinnen und das Weib wird sich auch mal gut fühlen, weil es sich wirklich gebraucht fühlt (was ja auch nicht gelogen ist, denn Sie haben ja ein Ziel mit Ihrer Umarmungsstrategie!).

Ihr Gewinn wird also ebenso hoch sein wie der des Weibs und auch mit Weibern lassen sich sogar sehr einfach Allianzen schmieden, wenn Sie überzeugend schauspielern und sich davon verabschieden, dass Frauen doch im Job wie auch im sonstigen Leben emotional verbunden sein sollten.

Bei einer Zicke mit Querschnittsfunktion haben Sie aber auch oft die Wahl: Ignorieren oder Umarmen. Reden Sie mit diesen Wesen ausschließlich sachlich und ergebnisorientiert, bieten Sie ihr keine Läster-Angriffsfläche. Reden Sie nicht von Frau zu Frau mit ihr. Das ist absolut überlebensnotwendig, wenn Sie keiner Giftschlange zum Opfer fallen wollen. Denn: wir müssen nicht zu allen Wesen egal ob Mann oder Frau und schon gar nicht im Berufsleben eine Beziehung aufbauen und auf die Beziehungsebene gehen. Wovor wir uns aber schützen sollten, sind Angriffe aus dem Hinterhalt!

Ich habe mir angewöhnt, großzügig mit dieser Kategorie Frau zu sein, weil ich irgendwann erkannt habe, dass sie eigentlich arm dran sind: sie sind meist nicht sonderlich intelligent und eher ohne Selbstbewusstsein. Sie sind neidisch und absolut unsouverän in ihrem Tun und vor allem haben sie Angst. Sie haben Angst davor, von ihren Kollegen und Mitarbeitern nicht ernst genommen zu werden und Angst davor, vom Chef Kritik abzubekommen. Und: sie haben weder Spaß noch sind sie glücklich. Sie kämpfen täglich ums Überleben. Also sollten wir Mitleid haben und sie einfach in Frieden lassen, finde ich.

Machen Sie sich in allen Meetings Notizen, und führen eine Wiedervorlage, denn Mann vergisst gerne ToDos!

Ich bin ein Mensch, der gerne viel arbeitet und viele unterschiedliche Themen braucht, um sich nicht zu langweilen. Das führt aber auch dazu, dass ich mir nicht alles merken kann, was in Sitzungen oder Gesprächen mit Mitarbeitern oder Kollegen besprochen wird. Also habe ich es mir angewöhnt, Notizen zu machen und mir diese auf Wiedervorlage zu legen. So finde ich die ToDos oder auch Vereinbarungen immer zum nächsten Termin an dem der Sitzungsturnus fortgesetzt wird oder zu dem etwas erledigt sein soll.

Nicht wenige Männer haben es offensichtlich nur begrenzt nötig, sich Notizen zu machen oder eine Wiedervorlage zu führen. Vielleicht setzen sie darauf, dass Frau vergessen hat, was vereinbart wurde oder sie haben ein so gutes Gedächtnis, dass sie sich Vereinbarungen und Gesprächsinhalte merken können?

Die Faulheit mitzuschreiben führte schon zu dem Absurdum, dass meine männlichen Mitarbeiter mich fragten, ob sie meine Notizen haben können, um die daraus formulierten ToDos abzuarbeiten. Nein, konnten sie nicht. Sie haben auch nur ein Mal gefragt. In der Regel kommt Mann offensichtlich im Leben damit durch. Oder warum wundert Mann sich, wenn ich empört rufe: „Nein, Sie machen sich selber eine Mitschrift." Ich habe natürlich auch immer wieder Mitarbeiter oder Kollegen gehabt, die - aus welchen Gründen auch immer - vergessen, welche ToDos sie aus einem Meeting mitgenommen haben. Daher passierte dann auch erst einmal nichts – bis ich meine Mitschriften in meiner Wiedervorlage fand und nachfragte. Dann hat Mann die Gabe, entweder so zu tun als wäre alles gerade in Arbeit oder als wäre nie Derartiges besprochen worden. Mühsam dieses untere Mittelmaß.

Offensichtlich sind diese Mitarbeiter ihr bisheriges Berufsleben damit durchgekommen. Umso sinnvoller dachte ich mir, mir Mitschriften zu und auf Wiedervorlage zu legen. Denn dieser simple Baustein der Arbeitsorganisation und des Wissens dank schriftlicher Dokumentation sichert Macht und Überlegenheit. (Und mal ehrlich: häufig bewahrt mich das Mitschreiben in Meetings auch vor dem Einschlafen, macht aber stets den Eindruck, dass das Gesagte wichtig und Sie selbst stets interessiert und motiviert seien.)

Hinzu kommt, dass ich mit diesem Tun Arbeitsorganisation vorgelebt und dann auch eingefordert habe. Ich vertraue meinen Mitarbeitern oder Kollegen gerne, aber immer nur bis zu einem gewissen Grad. Ich lasse mir schließlich ungern auf der Nase rumtanzen, weil Mann nicht arbeiten mag oder schlecht organisiert ist.

Ich fordere daher stets strukturiertes Arbeiten mit Termintreue ein und gebe jedem Mitarbeiter einen Verantwortungsbereich. So verhindere ich auch das Abschieben von Versäumnissen auf das Sekretariat oder den Kollegen, ebenso wie unnötige Überstunden aufgrund von nicht existenter Arbeitsplanung. Natürlich gibt es nicht wenige Mitarbeiter, die nie Arbeitsplanung und Zeitmanagement gelernt oder sich auch nur ansatzweise Gedanken darüber gemacht haben. Den Unterschied zwischen denen, die nicht wissen, wie es geht und denen, die gar nichts ändern wollen, identifizieren Sie schnell. Entsprechend können Sie die Mitarbeiter, die sich weiterentwickeln wollen, schulen lassen und jene, die das nicht wollen, eng führen mit Terminvorgaben und eng getakteten Rücksprachen.

Seien Sie stets gut vorbereitet!

Seien wir mal ehrlich, eine unserer großen Stärke ist doch, dass wir sachorientiert arbeiten. Dazu gehört natürlich auch, dass wir uns noch viel von den Netzwerkern abgucken. Wir sollten dafür arbeiten, dass wir ein profundes Netzwerk für uns auf- und ausbauen – bestehend aus Männern und Frauen natürlich, denn nur mit einem Mix der Netzwerkpartner öffnen sich die Türen, die Sie geöffnet haben möchten. Problematisch ist derzeit, dass Frauen sich öfter nichts gegenseitig gönnen, sich also auch nur mit großen Bedenken befördern oder gute Aufträge geben, etwas, das im Übrigen für Männer ganz normal und selbstverständlich ist.

Nun denn, hier geht es ja um die Frage, wie Sie auf sich aufmerksam machen, und wie Sie auch in Situationen als souverän erscheinen, in denen Sie sich selbst vielleicht gar nicht so fühlen. Nehmen wir mal an, Sie sitzen in einer Sitzung, in der um eine Entscheidung mit großen Folgewirkungen geht, zum Beispiel um den Abbau von Personal. Mann wird in der Regel so argumentieren, dass er verhindert, dass sein Verantwortungsbereich möglichst nicht von dem Abbau betroffen ist. Sein primäres Motiv ist der Erhalt seiner Macht und das Bewahren seines Gesichts vor Kollegen, externen Partnern und eben seinem Netzwerk. Er wird wortgewandt darlegen, wie der Personalabbau erfolgen muss und dabei nicht erwähnen, dass sein Bereich natürlich kaum betroffen sein wird.

Nun mag es in Einzelfällen so sein, dass es tatsächlich keine objektiven Gründe gibt, in der Abteilung des Kollegen Personal abzubauen. In der Regel werden Sie aber ein großes Fragezeichen auf Ihrer Stirn haben und darüber stolpern, dass Mann zwar wortreich aber inhaltsleer darüber philosophiert oder es gar als einzige Lösung darlegt, dass das Personal in allen nur nicht seinen Bereichen abgebaut werden müsse.

Männliche Kollegen in der Runde werden Ähnliches tun und so entsteht eine wortreiche, inhaltsleere Debatte, eine Diskussion unter selbsternannten Alphamännchen, die erst im Morgengrauen enden würde, wenn es nicht ein echtes Alphatier in der Runde gäbe, nämlich Sie.

Ich habe gute Erfahrungen damit gemacht, die Herren in solchen Situationen erst einmal reden und sich aufplustern zu lassen. Wichtig ist mir dabei aber immer, genau zuzuhören, mir Notizen zu machen darüber, wer was sagt. Zugegeben, manchmal fällt es schwer, sich Notizen zu machen, weil die Herren eben häufig nichts sagen, sondern um der Demonstration ihrer Stellung und der Wahrung ihres Territoriums willen vor sich her plaudern. Erst, wenn Sie den Eindruck gewonnen haben, dass die Herren so langsam das gesagt haben, was sie sagen wollten; wenn sie sich gegenseitig nochmal wiederholt haben, also auch das Reden um des Redens willen durchgespielt haben, dann nutzen Sie die Gelegenheit und melden sich zu Wort.

Stellen Sie zunächst Fragen und sortieren sich noch einmal während diese beantwortet werden. Dann übernehmen Sie das Gespräch. Fassen Sie zunächst das Gesagte mit knappen Worten zusammen. Verweisen Sie noch einmal darauf, dass alle gezwungen sind, heute eine Lösung zu finden, die für das Unternehmen oder den Kunden und nichts anderes richtig ist. Damit entkräften Sie schon die Bedenkenträger und Entscheidungsvertager. Hinzu kommt, dass Sie entscheidungsorientiert und rein auf die Sache bzw. das Wohl des Unternehmens oder des Kunden konzentriert sind. Lassen Sie es nicht aus, dies gebetsmühlenartig zu wiederholen, während Ihre Mitstreiter fast nur auf sich konzentriert sind bzw. ihre Allianz retten wollen, wenn sie schon selbst nicht siegen können.

Da Sie eine kompetente Frau sind, haben Sie sich natürlich schon vor der Sitzung gewappnet mit Lösungsvorschlägen, Für und Wider für jeden Vorschlag, angereichert um die Pseudoargumente, welche die

Herren soeben selbst in den Ring geworfen haben. Dabei nennen Sie Namen, wer welches Argument ja schon gesagt hat, denn dadurch fühlt sich der Angesprochene wichtig und wahrgenommen. Er wird Ihnen dann nicht nur zuhören, sondern auch mit Ihnen in eine Allianz eintreten. Das ist viel erfolgversprechender, als wenn Sie jemanden namentlich niedermachen oder seine Argumente entkräften.

Blicken Sie den Herren beim Reden nacheinander in die Augen, reden Sie wenig mit den Händen, dafür fokussieren Sie auf die Worte, sachlich, pointiert und unter Wiederholung des Mantras: das machen wir alles, um unseren Kunden zu halten, unser Unternehmen zu schützen, da müssen dann leider auch Opfer gebracht werden. Natürlich äußern Sie auch, wie klar es Ihnen ist und wie sehr es Ihnen leid tut, dass Opfer zu bringen sind.

Nach Ihrer Rede wird wieder ein Sturm an Handzeichen ausbrechen. Der Wortführer oder aber der Kleine-Mann ergreift gerne zuerst das Wort, Allianzen der Akteure werden in Bruchteilen von Sekunden neu justiert, um möglichst viel vom bestehenden Kuchen für sich oder seine Gruppe zu halten. Diese Pause der neuen Ausbrüche können Sie wunderbar nutzen, um die Zahl der Alternativen weiter einzugrenzen - natürlich unter Beachtung der Argumente, die auf den Tisch kommen bzw. der neuen Allianzen, die sich im Laufe der Debatte geschmiedet haben. Die Alternativen, die ohne Nutzen für Kunden oder Unternehmen auf den Tisch kommen, entkräften Sie am Besten mit Fragen wie: wie soll denn der Preis für den Kunden gehalten werden? Wie soll denn das Unternehmen mindestens eine schwarze Null schreiben?

Bringen Sie also genau mit den eigentlich relevanten Entscheidungskriterien die Besitzstandswahrer in Erklärungszwang und holen sie immer wieder auf die Sachebene zurück. Da sie keine Erklärungen haben, werden sie wie ein Mantra ihre Ausgangsrede wiederholen, was nicht nur Sie, sondern auch die Kollegen außerhalb der jeweiligen Allianz langweilt und erschöpft. Haben Sie Geduld (eine meiner größten Stärken!) und wiederholen diese Runden solange bis nur noch zwei brauchbare Optionen auf dem Tisch liegen. Lassen Sie den Herren aber in jeder Runde Zeit, sich neu zusammen zu rotten, neue Allianzen zu schmieden. Nur so sind sie in der Lage, am Ende eine profunde Stimme abzugeben und nicht die Sitzung zu sprengen oder als Folgeerscheinung andere Mittel der Demontage bei anderen Entscheidungen etc. bei späteren Gelegenheiten aufzufahren.

Ich habe dieses Vorgehen zur Gesichtswahrung häufiger verpasst bzw. auch lange nicht sehr ernst genommen. Dafür musste ich dann immer wieder bitter lernen, Niederlagen einstecken und hinterher doppelt hart arbeiten, um doch noch für Kunden oder Unternehmen gute Resultate hinzubekommen. Da können Sie hundertmal Recht haben, dass Sie ja natürlich für die Sache, für das Unternehmen oder den Kunden entscheiden mussten. Wenn Mann das Gefühl hat, Sie schneiden ihm ins Fleisch oder nehmen ihm sein Gesicht, wird er sich bei nächster Gelegenheit rächen oder eben eine solche Entscheidungssitzung durch seine Allianzen sprengen.

Wenn Sie aber das Spiel um Ihre oben genannten Spielregeln des Einengens der Thematik ergänzen, fassen Sie am Ende der diversen Runden wiederholt zusammen, was diskutiert wurde und formulieren die augenscheinliche, weil übriggebliebene Entscheidung. Holen sich dabei das Kopfnicken des Großteils der Anwesenden ein und geben den Herren damit das Gefühl, mitentschieden zu haben und ernst genommen worden zu sein.

Die hohe Kunst ist es dann, dass die Herren das Gefühl haben, ihr Entscheidungsvorschlag sei zum Ergebnis gekommen. Das können Sie durch Wortwahl oder ein lobhudelndes Gespräch nach der Umarmungsstrategie im Anschluss an die Sitzung erreichen.

Wenn Sie nicht die Sitzungsleitung und Endentscheidungsbefugnis haben, sorgen Sie dafür, dass der Sitzungsleiter Ihre Argumente hört, wahr- und ernstnimmt. Zur Not müssen Sie sie oft genug wiederholen und eben auch mit Hilfe der Fragetechnik an Dritte anders einbringen. Natürlich ist es dann auch an Ihnen, Allianzen mit anderen Sitzungsteilnehmern zu schmieden.

Überzeugen Sie mit langem Atem, Ruhe, Sachlichkeit und der Wiederholung, wie wichtig dieser oder jener Punkt für den Kunden oder das Unternehmen ist. Hier dürfen Sie wie ein Mantra - allerdings gespickt mit Variationen der verbalen Kommunikation - die Inhalte vortragen, gegeneinander abwägen, Argumente ergänzen und wiederlegen. Das alles aber erst, wie gesagt, wenn die Herren sich ausgetobt und den Eindruck haben, sie hätten einen guten Stand im Spiel. Anderenfalls werden Ihre Argumente ins Leere verlaufen und ein anderer Herr wird mit seinem Entscheidungsvorschlag zum Zuge kommen, auch wenn dieser nicht der Beste für den Kunden oder das Unternehmen ist.

Diese Technik, sich nicht als Erste zu Wort oder gar an den Anfängen des Statusspiels in einer Sitzung zu beteiligen, ist auch dann nach meiner Erfahrung sehr erfolgreich, wenn die Herren Sie noch nicht gut kennen, geschweige denn wissen, wer sie sind oder was Sie können. Wenn Sie zunächst beobachten (natürlich mit Präsenz in Körperhaltung und Körpersprache) und dann das Wort ergreifen, mit dem Sie demonstrieren, dass Sie nicht nur vorbereitet sind. Dann zeigen Sie Kompetenz und verschaffen sich schnell Achtung in den klassischen Männerrunden. Wenn Sie dann auch noch kritische Fragen stellen oder gar Unplausibilitäten zum Beispiel von Entscheidungsvorlagen aufdecken und diese anhand von Fragen sachlich aufzuklären versuchen, werden die Herren Sie wahrnehmen und Ihnen einen ganz neuen Platz in dem Spiel zugestehen.

Sie rücken in Windeseile in der Hackordnung nach oben. Erst recht, wenn es Ihnen dann noch gelingt, den Spielleiter durch das ein oder andere direkte Sachkompliment für sich zu gewinnen. Sukzessive bekommen Sie so einen der ersten Plätze des Rudels. Noch mehr gewinnen Sie, wenn Sie dann noch bei entsprechender Gelegenheit das ein oder andere Glas Rotwein investieren, um die anderen Alphatiere von Ihrer Kompetenz und Ihrem Engagement zu überzeugen und ihnen das Gefühl geben, Sie könnten den Herren nützlich sein im Sinne der Machtstärkung. Dann haben Sie ganz schnell erreicht, dass Sie als kompetent und souverän gelten. So werden Sie auch dann wahrgenommen, wenn Sie selbst mal ins Schwimmen kommen, eine Sache wirklich nicht verstehen oder Ihnen gute Argumente fehlen.

Und einen Vorteil sollten Sie immer nutzen: seien Sie stets gut vorbereitet. Mann mag es oft nicht, dicke Entscheidungsvorlagen gründlich zu lesen und sich Notizen im Vorhinein zu machen über das Wie, das Warum und die Alternativen und deren Folgen. Ich habe regelmäßig erlebt, dass Haushalte verabschiedet werden mussten, die sich einige Herren kein einziges Mal angeschaut haben. Als ich dann anfing, Fragen zu stellen, fingen die Herren wie wild an in ihren Unterlagen zu blättern.

Am meisten Spaß macht es mir immer wieder, wenn vor einer Sitzung ausführliche Unterlagen und ein plausibler Entscheidungsvorschlag vorgelegt wurden, in der Sitzung nur zu fragen: "Haben Sie noch Fragen zu der Unterlage oder dem Entscheidungsvorschlag?" Dann fängt das wilde Blätterrascheln an, aber dann frage ich schon," keine Fragen? Ich fand das Ganze auch sehr plausibel und danke den Mitarbeitern, die die Unterlagen so gut vorbereitet haben. Bitte heben sie die Hand, wenn Sie dem Entscheidungsvorschlag Ihrer Unterlage zustimmen."

Wetten, dass Sie innerhalb von diesen zwei Minuten eine Entscheidung wie vorgeschlagen bekommen, weil sich keiner der Anwesenden traut zu sagen, dass er nichts davon gelesen hat? Gleiches gilt, wenn die Herren sich in Diskussionen verzetteln und es dann gar nicht mehr um das eigentliche Thema geht. Dann melde ich mich ebenfalls gerne zu Wort und sage, dass es ja in dem Tagesordnungspunkt vor allem darum geht, dass wir dieses oder jenes entscheiden sollen und uns darauf fokussieren sollten, uns zu entscheiden. Dann formuliere ich meinen Entscheidungs-vorschlag und stelle diesen zur Abstimmung. In den allermeisten Fällen bekommt Frau dann das gewünschte Ergebnis und gewinnt immens an Lebenszeit, die zum Beispiel für Belohnungen genutzt werden kann.

Wie Sie souverän mit sexistischen Witzen umgehen!

Ich weiß ja nicht, ob es Ihnen genauso geht, aber ich wusste nicht, dass sexistische Witze im Berufsleben einen Platz haben. Dementsprechend habe ich zu Beginn meiner Berufstätigkeit, ganz die Tochter aus gutem Hause, regelmäßig gestutzt oder ich war sprachlos über so viel Derbheit und Niveaulosigkeit. Da ich mich aber für emanzipiert, groß und stark halte und beobachtet habe, welchen Stellenwert diese Witze über Frauen, Sex, Weiblichkeit und Ähnliches haben, wurde mir klar, dass es nichts bringt, wenn ich da den Zeigefinger hebe und diese prolligen Witze negativ kommentiere.

Meine Damen, so gerne wir das wollen würden: es bringt uns ins Hintertreffen, wenn wir die sexistischen Witze der Herren mit bösen Blicken strafen. Sie können doch nicht anders, denn so sind sie es in ihrer Vakuumwelt gewohnt. Viele fühlen sich besser und größer, wenn sie über andere Menschen lachen können.

Also habe ich mein Verhalten adaptiert, was lustigerweise dazu führte, dass regelmäßig die Kinnladen der Männer fielen. Und ich habe die Erfahrung gemacht, dass die Herren mit einem lockeren Kontern viel besser umgehen und lachen können. Sie fühlen sich dann gut und die Atmosphäre wird durch den erhobenen Zeige-finger einer Frau nicht belastet, sondern alle lachen. Ich kann daher nur empfehlen: Kontern Sie blöde Witze über Frauen frech und derb direkt und so, dass alle lachen. Die Herren klopfen sich auf die Schenkel, sagen: „was für eine Frau“ und Sie bekommen Anerkennung, weil Sie ja „etwas abkönnen“ und wortgewandt sind.

Gleichzeitig hat Mann das Ziel seiner Witze verfehlt, Frau als Rangniedere dastehen zu lassen. Und wenn Sie charmant mit einem

Lächeln kontern, bleibt auch Ihre Laune gut und Sie haben einmal mehr gewonnen.

Emanzipation neu interpretiert, nenne ich das und es ist gar nicht so schlimm, wie es sich liest. Außerdem besteht die Hoffnung, dass Sie nie in solche Derbewitze-Kreise kommen und sich dort behaupten müssen. Schließlich sind ja viele Männer im Job sehr souverän und agieren wirklich gleichberechtigend. Ich gehe schwer davon aus, dass die Derbewitze-Fraktion eine aussterbende Spezies ist, je globaler aufgestellt die Lebensläufe sind und je weiter wir uns auch in Deutschland von dem Klein-Klein-Denken verabschieden.

Und last but not least: Seien Sie dankbar - Sie werden sehen, wie reich Ihr Leben ist.

Nicht nur in verschiedenen Glaubensrichtungen ist Dankbarkeit von besonderer Bedeutung. Ich denke, dass wir Frauen dankbar sein dürfen, in einem Land wie Deutschland geboren zu sein. Wir dürfen nicht nur Wählen gehen, Auto fahren und ein eigenes Bankkonto führen, sondern sind (zumindest theoretisch) gleichberechtigt mit Männern und wir dürfen unseren Beruf selbst wählen.

Und wenn wir das Glück einer glücklichen Kindheit hatten und eine höhere Schule besuchen durften, dann haben wir ein großes Privileg in dieser Welt. Ich bin sehr dankbar dafür und weiß nicht zuletzt durch meine vielen Reisen, dass es keine Selbstverständlichkeit ist, sich frei entfalten zu können, zu studieren, zu arbeiten und auch den Arbeitgeber oder den Wohnort zu wechseln.

Wir haben das Privileg, unser Leben selbst gestalten zu können. Das erfordert natürlich Verantwortung und Bewusstsein für unsere Wünsche und Bedürfnisse, für die Menschen und die Dinge, die uns guttun und die Dinge oder Menschen, die uns nicht gut tun. Dankbarkeit tut gut und rückt viele Dinge, die nicht so gut laufen oder bestehende Missstände zum Beispiel in der tatsächlichen Entfernung von Gleichberechtigung wieder ins rechte Licht.

Immer wenn es mir nicht so gut geht, überlege ich, was ich denn alles habe, materiell wie persönlich, emotional wie geistig. Was meine Familie, mein Partner, meine Freunde, mein Beruf und meine Hobbies mir geben. Die Fähigkeiten, die Ihnen und mir mit auf den Weg gegeben wurden, sind Geschenke, die wir genießen dürfen. Und ein Blick darauf zeigt uns einmal mehr, wie reich unser Leben ist. So reich, dass wir genauer hinschauen und es so gestalten können, dass es uns gut geht und wir uns wohl fühlen und wenn nicht sogar glücklich, dann doch wenigstens zufrieden sind.

Es tut gut, sich einmal am Tag oder einmal in der Woche bewusst zu machen, wofür wir dankbar sind. Führen Sie ein Dankbarkeitstagebuch – ich schwöre Ihnen, da wird Einiges zusammen kommen. Hinzu kommt, dass ein solches Tagebuch in unserem Inneren etwas anstößt. Seien Sie dankbar und in Ihnen bewegt sich etwas. Sie werden gelassener und ruhiger, aufmerksamer und auch mutiger. Natürlich nur, wenn Sie mögen. Ich möchte Sie dazu einladen, denn die Weiterentwicklung in Frieden mit sich und der Umwelt bringt wahnsinnig viele Glückshormone und ein gutes Lebensgefühl und natürlich die Kraft, die Dinge, die einem nicht so gefallen oder guttun, anzugehen und umzuwandeln in Dinge, die gut tun.

Und für die ganz bescheidenen Zeiten – und die hat jede Superfrau mal - hat mir meine kluge Coachin geraten, jeden Abend die auch noch so kleinen Dinge aufzuschreiben, die mir heute Freude oder Spaß bereitet haben. Das Dankbarkeitstagebuch lässt sich also wunderbar ergänzen. Selbst in einer Dauer-Bad-Hair-Day-Phase war ich erstaunt, was so alles Gutes zusammenkam, was ich sonst als selbstverständlich hingenommen oder gar nicht bemerkt hatte. Ich fand tatsächlich jeden Abend mehrere Dinge, die mir Spaß gemacht hatten oder Erlebnisse, über die ich mich gefreut habe. Und gleichzeitig – und das war ja der eigentliche Sinn der Übung – verbesserte sich meine Laune und die Bad-Hair-Tage wurden weniger. Meine Kraft, Stärke und das positive Denken kamen zurück und ich war wieder ich.

Probieren Sie es doch einfach mal aus! Es funktioniert und holt jede Superfrau aus einem Tief heraus – ohne großen Aufwand und mit eigener Kraft. Sie werden nicht nur überrascht sein, was Sie täglich alles erfreut, sondern werden innerhalb weniger Tage ein positiveres Bewusstsein für sich und das eigene Leben empfinden.

Literatur

Henn, Monika: Die Kunst des Aufstiegs, 2. Auflage, campus Verlag, 2012

Scheddin, Monika: Wecke die Diva in Dir!, Kösel, 2011

Scheddin, Monika: Erfolgsstrategie Networking, buch&media, 6. Aufl., 2013

Schönberger, Margit: mein Chef ist ein Arschloch, Ihrer auch?, mosaik, 2004

Daufeldt, Daniela: Karriere weiblich, orell füssli, 2010

www.mentoring-d.de